새벽에 눈썹 그리는 여자

조경자 수필집

교음사

축하의 글

은혜의 품안에서
더욱 성숙케 하소서

애제자 조경자 저서 서문

김남조

"모든 사물에는 눈물이 있다"
이 말은 조르즈 루오의 명화집 「미제레레」
에서 읽었읍니다. 그리고 이 말은 저에게도
눈물이 흐르게 하였읍니다. 눈물은 마르지 않는
수분이며 존재하는 모든것을 적셔 주어
더 자라게 하는 신비입니다.
수필과 그림과 서예를 공부해 온 조경자
는 자신의 몸과 정신을 느슨히 감아
회전하는 가르침을 간절하게 모두어
흡수 하였다가 이제 한권의 책으로
겸허하게 출판 하려합니다.

조경자의 진정한 사랑의 두 나라, 하나는 조국 대한민국이며 다른 하나는 사랑의 요람으로 평생을 품안에 품어준 호주 시드니라고 믿어온 그녀에겐 한 폭의 정갈한 무명 옷감을 두 줄기로 나누어 그 양쪽을 그 항상 사랑과 그리움으로 품속 가득히 지녀온 그 사연을 글씨로 풀고 책으로 엮어 우리에게 나누어 주려 했고 있습니다. 그의 원고를 한 자, 한 자, 마음 깊이 읽어온 나는 이보다 더 아름다운 선물이 없을 듯한 감동에 잠겨 있습니다. 삶은 진지할수록 깊어지며 깊어질수록 겸손한 예물로 나누고 싶어진다는 말씀과 함께 나의 애제자 조경자의 아름다운 새책을 간절히 축하 합니다

2022년 푸른여름철에

김남조 드림

책머리에

내 삶의 여정은 긴 물 흐름입니다.

오래전 발원하여 지금까지 흘러오는 동안 숨 가쁘게 흘러온 물줄기였지만, 때로 눈부신 햇살을 받아 만들어진 물비늘. 그 물비늘 몇 개를 건져 올려 책으로 엮어 보았습니다.

낯선 이국땅에서 점점 사위어가는 문학의 감성을 붙들어 가며 항상 문학의 언저리를 배회하며 갈망해 왔습니다.

김남조 선생님께서는 저의 학창시절부터 지금까지 저에게는 훈풍이십니다.

삶이 고달픔에 꽁꽁 얼어붙어 있을 때에도 그 훈풍은 언제 어디서나 나를 녹여주었고 때로 깡마른 내면의 나를 불러일으켜 살찌우고 세워 주셨을 뿐만 아니라 당당함과 용기까지 주셨습니다. 또 문학의 언저리에서 아주 벗어나지 않도록 늘 손잡아 주셨습니다.

제 마음에는 지극히 사랑하는 두 나라가 있습니다. 태어나 그 땅의 자양분으로 나를 형성해 준 조국 대한민국과 내 삶의 길목을 고단함과 또 풍요로움을 함께 갖게 해 준 호주 시드니가 있습니다.

그림들은 10여 년 동안 화실에 드나들며 습작의 기쁨을 넉넉히 가져 보았습니다.

도무지 엉성하고 내세울 것 없지만 나의 삶의 편린들이기에 저는 제 글을 사랑합니다.

이 책을 고국과 시드니에 있는 존경하는 지인들과 사랑하는 친구들에게 드립니다.

또 세계에 흩어져 살아가고 있는 내 아이들에게 들려주는 엄마와 할머니의 이야기이며 그들에게 주는 나의 선물입니다.

부족한 글을 출판해 주신 월간 『수필문학』 강병욱 대표님과 류진 편집국장님께 깊은 감사의 말씀 드립니다.

2022년 7월. 瑞竹 趙京子

조경자 수필집

1. 꽃집 이야기

2. 하얀 학이 되어

3. 나는 정말 왜 그럴까

4. 삶의 길목을 되돌아보며

1

꽃집 이야기

내가 사랑했던 집

집 매매계약서에 서명날인을 하려는 순간 지나간 17년의 시간과 기억들이 압축되어 스쳐가며 내 손끝을 떨리게 했다. 이 집에서 17년의 세월은 나에게 결코 짧은 기간이 아니었다. 유학 보낸 아이들에게 뒷바라지 해주는 셈치고 시작된 이민생활은 좁은 아파트에서 부딪치는 문화적인 충돌과 함께 여러모로 우리를 힘겹게 했다.

시드니는 넓었다. 펑퍼짐하게 넓은 그곳에는 가도 가도 끝이 없도록 집으로 가득차 있다. 적은 집, 큰 집 이런 모양 저런 형태의 집들이 빨간 지붕을 이고 수풀 속에 잠자듯 있는 것을 보면서 저 모든 집이 나의 집이 될 수도 있다는 겁

Kyung 19

없이 누려보는 풍요함과 그중에 우리집이 없다는 빈곤함이 나를 불안하게 때로는 서글퍼지기까지도 했다.

그 해 아들아이의 생일이었다. 생일상에 둘러앉은 아들의 친구들은 이미 준마의 모습으로 늠름하게 커버린 성년이 되어 아파트의 거실을 좁게 했다. 더욱이 아파트의 규정에 따라 피아노 연습시간이 넉넉지 않은 큰딸을 위해서라도 이제는 집이 있어야 했다.

신용이 재산이라 했던가? 은행으로부터 필요한 만큼 빌려받기로 약속을 얻은 다음 내 집을 찾아 나섰다.

처음 이 집에 들어섰을 때는 오후의 햇빛이 집 안 가득히 담겨 있을 때였다. 지은 지는 100년이 다 되어가는 전형적인 호주 집으로 골동품 같은 벽난로가 방마다 붙어 있는가 하면 높은 천정에는 여러 형태의 꽃무늬가 저녁 햇빛을 받아 고풍스러운 아름다움을 더해 주었다. 온 식구가 이 집 사기를 결정했지만 나는 천정 무늬가 아름다워 샀다고 서슴없이 자랑했다.

좁고 너무 낡은 부엌을 허물고 앞으로 많은 사람들이 드나들 것 같은 예감에 식당을 넓게 하고 부엌을 크게 했다. 개수대 앞을 통해 바깥의 온갖 풍경을 볼 수 있는 큰 창문도 마음에 맞게 넣었다.

5년여의 아파트 생활을 벗어나서 이 집으로 이사 왔을 때의 그 감격이란…? 누가 뭐래도 200여 평의 이 땅은 '대한민국'이다. '잔디 밟지 마시오'의 푯말이 붙은 잔디밭을 비켜 다니던 내 나라 잔디밭을 연상하며 맨발 밑에 잔디의 부드러운 촉감마저 정답고 따듯하다.

그 후로 우리집은 예감대로 부엌과 식탁이 떠들썩한 날이 많았다. 열두 사람이 앉는 타원형 식탁은 우리를 항상 즐겁게 했다. 음식은 풍성했고 먼 곳, 가까운 곳으로부터 온 손님들이 쏟아 놓는 대화들 그리고 그때마다 들려오던 유쾌한 웃음소리들…. 나는 예쁜 식탁보를 자주 갈고 은수저를 부지런히 닦았다.

무엇보다도 나는 설거지를 하며 밖을 볼 수 있는 큰 유리 창문을 좋아했다. 정갈하게 빨아진 빨래가 빨랫줄에 가득히 널려 잔바람에 살랑살랑 흔들대며 돌아가는 호주의 빨랫대. 파란 하늘에 유유히 흘러가는 흰 구름은 호두나무 높은 가지에 걸려 쉬어 가고 담에 붙어 높이 솟아 꽃을 피우고 있는 백일홍과 무궁화나무며, 한 무리의 새가 앉아 있는 듯 무리 지어 피어 있는 극락조의 무더기와 그보다 봄이 되면 잎새보다 먼저 하늘 보라색으로 화려하게 피워주는 '자카란다' 꽃을 해마다 그림인 듯 볼 수 있어 좋았다.

또 새들이 코 막히면 노래 못 한다는 나의 사정도 못들은 채, 새들 목마를까 봐 찬밥에 물까지 말아 잔디밭에 뿌려주는 남편. 그 덕분에 동네의 온갖 새들이 날아와 잔치 벌이는 틈새에서 여전히 작은 참새를 보며 고향의 새들을 본 듯 반가움을 갖게 했다.

이 모든 것은 피곤한 이민생활을 새로운 활력으로 바꾸어 주어 하루하루 충만한 삶을 살아갈 수 있었기에 멀리서도 내 집 지붕과 굴뚝이 보일 때마다 '우리집 좋은 집' 또 집 안에 들어설 때마다 '우리를 행복하게 하는 집' 하고 마음으로 환희하며 축복하곤 했다.

그리고 얼마를 살아왔을까.

어느 날부터인가 작고 아담한 집을 눈여겨보는 내 자신을 발견했다. 그리고는 우리집은 이제 우리에게 너무 커. 결혼하여 먼 곳에 있는 아이들의 방은 이제 더없이 허전해 보이고 대화나 웃음소리도 이전처럼 꽉 차 보이지 않는다고 불평의 생각들이 스멀스멀 나오기 시작했다. 그보다도 우리가 그동안 이 집에서 어울리게 살아왔듯이 이제는 이 집에 어울리는 또 다른 이에게 비켜 주어야 한다는 서글픈 핑계를 대며 팔아야 한다는 생각을 굳혀 갔다.

복덕방 사람들이 부지런히 드나들더니 어느 날 'Auction'

이라는 큰 간판이 잘 찍어진 내부 사진과 함께 벽돌담에 든든히 붙여졌다. 호주의 보편적인 집 매매 방식으로 '경매'를 택했지만, 막상 경매 간판을 보았을 때 가슴이 철썩 내려앉음은 어쩐 일인가.

경매 일까지는 6주가 있다. 이제 내가 할 일은 매주 토요일마다. 1시간씩 집을 보여주는 일이다. 이름하여 'Open House'로 집을 선보이는 시간이다. 최대한 아름답게 보여야 한다.

라벤더의 은은한 꽃향기 속에 조용한 음악이 흐른다. 방마다 꽃 장식을 했다. 작은 바구니에 사탕도 준비했다. 집 비워 주는 시간 동안 너무나 궁금하여 멀리서 보고 있으려니 5, 60여 명의 사람들이 줄지어 드나든다.

경매일이 왔다. 언제 달았는지 만국기가 앞마당 가득히 펄럭이고 있다. 주전자에선 계피가 끓고 있다. 계피 냄새는 사람을 편안하고 포근하게 한다고 경험담을 들려주는 호주 친구의 권유대로 온 집 안이 계피 냄새로 차 있다. 시간이 다가올수록 걷잡을 수 없는 불안이 나를 감싼다. 우황청심환을 먹어본다. 어디론가 도망가고 싶어진다. 경매 시간이 가까워오며 팔리기를 바라는 현실과 어쩌면 팔리지 않기를 바라는 마음이 숨바꼭질한다. 그것은 17년이라는 세월을 보낸 이 집에 대한 새삼스러운 애착일 것이다.

빼꾸기 벽시계가 12시를 알리는 소리에 맞추어 경매가 시작되었다. 뒤뜰에는 사려는 사람과 구경하는 사람들이 촘촘히 들어서 있다. 경매를 진행하고 있는 풍채 좋은 경매인의 근엄한 모습이 보인다.

집이 드디어 팔렸다. 합당한 가격에 팔렸다. 순간 모든 것이 끝났다는 안온히 밀려오는 편안함과 한 녘 다시 되돌릴 수 없는 허탈감이 나를 그 자리에서 꼼짝 못하게 했다.

어느새 만국기가 걸히고 바깥 큰 간판에는 'Sold'라는 큰 스티커가 기세 좋게 붙여졌다.

이제부터 이 집은 우리집이 아니다. 이제 나는 속히 이 집에 서려 있는 정을 끊어야 한다. 잠시 쉬었다가 떠나는 나그네처럼 어떤 미련도 갖지 말아야 한다. 내가 이곳을 좋아하고 기쁨을 누렸던 것처럼 새 주인도 이 집에서 행복한 삶을 살아가기를 축복해 주어야 한다. 또 한편 그동안 우리와 어울려 살아왔던 모든 것에 각인된 기억을 담아야 한다.

뒤뜰에 나가본다. 활짝 핀 극락조의 한 무리가 몹시도 섭섭해한다. 잎 큰 고사리나무 뒤에 숨어 피어 있는 겹 동백꽃이 이렇게 화사하게 아름다운 줄 그 전엔 몰랐었다. 고향의 4월을 느껴보려고 심은 개나리는 춥지 않은 호주의 겨울 날씨 탓인지 푸른 잎만 무성이 달고 있어 개나리 구실 못 한다고 봄이면 내 타박을 받곤 했지. 아, 저 목수국…! 눈부신 봄날에 하얗게 쏟아 놓은 꽃잎 무더기를 흰 눈 보듯 좋아했는데…. 모든 것이 다 데리고 가고 싶을 만큼 다정스러워 눈물이 핑 돈다.

집을 비워 주어야 하는 몇 주 동안 집 닦기에 바빴다. 앞으로 살아갈 새 주인을 기쁘게 해주고 싶은 마음도 있었지만 전 안주인에 대한 흔적과 그보다 한국 사람이 살았다는 이 집에 좋은 흔적을 남기고 싶었다.

문득 어린 날에 보던 이사한 집의 살풍경한 모습이 떠오른다. 여기저기 어수선한 가운데 멀쩡한 창호지 문을 발기발기 찢어놓아 정 떨어질 만큼 흉물스럽게 보였던 이사 나간 집. 찢어진 문틀 사이로 혹시 두고 갈지 모르는 복들이 쫓아오라는 풍습이라 했던가? 아니 어쩌면 새로 오는 사람이 그 전의의 후줄근하고 깨끗지 않은 문종이를 다 뜯어내고 새로움으로 단장하라는 축복의 의미인지도 모른다. 나는 무엇으로 새 주인을 축복해 줄까.

카드를 썼다.

"축하합니다. 이 집에서 행복하게 사세요."

예쁜 바구니에 꽃을 가득 꽂고 리본에 카드를 달았다. 마지막으로 'Key'를 건네주었다.

자꾸만 서늘해지려는 내 마음을 모르는 듯 봄 햇살이 따듯하다. 이제 곧 '자카란다 꽃'이 필 것이다. 하늘 보라색으로 꽃구름이 되어 파란 하늘을 수놓을 그 꽃을 보며 기뻐할 새 주인의 얼굴이 보이는 듯하다.

새벽에 눈썹 그리는 여자

나는 새벽마다 눈썹을 그리며 화장을 한다. 새벽 희끄무레한 여명 속에서는 전등불도 밝지 않다. 졸린 눈을 비비며 화장하고 그린 눈썹은 밝은 아침에 보면 엉뚱하게 그려져 민망스럽고 우스울 때가 많다.

나는 새벽마다 꽃시장에 간다.

시드니 Flemington Market은 아주 큰 농산물 총판장이다. 좀 떨어진 건물에 위치한 꽃시장은 아침 6시에 문이 열린다. 꽃시장은 다른 세상이다. 넓고 넓은 꽃시장 안은 내가 보아왔던 온갖 꽃으로 가득하고 싱그러운 꽃향기를 뿜어내고 있다. 꽃을 사는 사람들은 눈으로 고르고 살 뿐 조용조용 하

Kyung

다. 사는 사람이나 파는 사람이나 급할 것도 없고 환한 얼굴로 눈인사를 건넨다.

1980년 호주 시드니로 이민 와서 장사에 경험도 없는 내가 겁도 없이 덜컥 꽃집을 차렸다. 그것도 만만치 않은 보수적인 동네인 Strathfield 지역에, 한국 사람으로는 첫 번째로 입점하였다.

한국에서 처음 취미로 시작했던 꽃꽂이가 발전하여 꽃꽂이 사범이 되어 활동했고, 그 실력은 이민 와서 꽃집 여자가 되었다. 젊다는 것 빼고는 영어도 어눌한 내가 할 수 있는 것은 매일 꽃시장에 가서 질 좋은 꽃을 사다가 예쁘게 진열하는 일이다. 또 주문 꽃은 정성껏 꽃꽂이하고 배달을 통해서 받는 이에게 기쁨을 전해주는 것이다.

그러기 위해서 나는 매일 새벽에 화장하고 눈썹을 그리고 꽃시장에 간다. 더욱이 꽃시장에서 꽃 사는 동양인, 한국 여자는 내가 처음이다.

꽃집 여자가 꽃처럼 아름답지는 못해도 화장한 얼굴로 손님을 맞는다면 서로가 즐겁지 않을까? 뿐만 아니라 느닷없이 포옹으로 인사하는 손님을 위해서 향수 뿌리는 것도 잊지 않는다. 그로부터 화장은 나의 일상이 되었다. 요란한 화장은 아니더라도 화장을 하면 새 옷을 입은 듯 상쾌하다.

은퇴한 후에도 나는 버릇처럼 화장을 한다.

왜 화장을 할까? 아름다워지고 싶은 본능에서일까? 그 아름다움을 추구하기 위하여 고대로부터 그 비법과 화장술이 전해지고 있지 않은가. 그 추구의 원천은 어디일까? 그것은 잡을 수 없이 가버린 젊음에 대한 그리움일까?

젊음…! 싱그럽다. 유분기 없는 맨얼굴도 맑고 활기가 넘친다. 젊음에 대한 그리움은 얼굴뿐이 아니다. 젊음에 둘러싸여 있었던 추억의 그리움이 있다. 그때 가졌던 미소와 사랑의 향기, 환희와 열정의 편린들, 거칠 것 없이 품었던 꿈. 화장한다는 것은 잃어져 가는 아름다웠던 지난날의 나로 회귀하고 싶은 마음에서가 아닐까?

아름다움이라는 단어는 나이를 거부한다.

꽃집 할 때의 일이다. 어느 날 중년 여인이 98세 할머니의 생일 꽃을 사러 왔다. 가질 것을 다 가져서 꽃밖에 드릴 선물이 없다면서 글쎄 생일날 무슨 옷을 입어야 예뻐 보일지 걱정한다며 흉보듯 웃으면서 너스레를 떤다.

나는 어떤가. 손녀를 데리고 한글 학교가 열리는 교회에 데려다준 적이 있다. 나를 쳐다보던 손녀의 친구가 손녀에게 무엇인가 속닥거린다. 손녀가 뛰어오더니 "쟤가 할머니 예쁘대" 하며 활짝 웃고 간다. "화장이 잘된 게지…" 하지만 모르는 어린아이로부터 들은 기분 좋은 말. 사흘 동안이나 나를 즐겁게 했다.

이제는 나를 위하여 화장을 한다. 나와 함께 살아온 내 얼굴. 지나간 어제와 그제의 나를 화장으로 붙들어 본다.

거울 속에 비쳐진 화장 안 한 나의 모습은 나를 슬프게 한다. 화장을 하면 당당하고 즐겁다. 특별히 사랑하는 손주들에게도 화장한 활기찬 모습으로 기억되고 싶다.

오늘은 나에게 축제의 날이다. 그 축제의 날에 어찌 화장을 안 할까?

화장은 내가 나에게 대접하는 최상의 선물이다.

꽃집 이야기

호주로 이민 와서 어설프게 시작한 꽃집이 12년이 되었다. 범 무서운 줄 모르고 범의 굴에 들어간 토끼처럼 겁도 없이 시작하여 말 동냥, 귀동냥, 글 동냥으로 부딪치며 일구어 오는 동안 어려움도 많았지만, 생각 못 했던 기쁜 일이 더 많았다. 그렇기에 우리네 삶의 온 과정이 속속들이 배어 살아 움직이는 꽃집을 나는 사랑한다.

아기가 태어나면 꽃집에서는 통상 꽃을 보낸다. 사람이 세상을 떠날 때 제일 마지막 받아 볼 수 있는 선물 또한 꽃이리라.

딸이 태어나면 분홍색 꽃이, 아들이 태어나면 하늘색 꽃

Kyung park 21'

이, 기쁜 이에게는 축하의 꽃이, 슬픈 이에게는 위로의 꽃이, 다툼이 있던 곳에 화해의 꽃이, 사랑하는 사람에게는 더 짙은 사랑의 확인으로, 이렇듯 꽃은 서로가 공들이며 사는 우리 삶 속에 귀한 매개체이다.

꽃은 타락한 인간이 에덴동산으로부터 쫓겨날 때 불쌍한 인간에게 주신 하나님의 사랑이 아닐까? 그래서 꽃은 천상의 언어요, 천상의 미소요, 천상의 향기이다.

꽃은 만국의 공통어이다. '바벨탑' 이전 인간의 말은 한 가지뿐이었다고 하지 않는가? '바벨탑'을 하늘까지 쌓아 올려 신과 같이 되려는 인간의 교만은 신의 노여움을 샀고 그 벌로 쉽게 뜻을 모을 수 없도록 언어가 분산되었다고 하지 않는가? 그러나 하늘의 언어인 꽃은 아직도 우리를 한 언어로 통하게 한다. 이방인끼리 또 어린아이로부터 노년에 이르기까지 말없는 꽃의 언어가 주는 이와 받는 이의 마음을 넘치도록 풍요롭게 한다. 또한 꽃은 지난날 나누었던 추억마저 되살아나게 하는 신비한 언어다.

언제인가 슬픔에 쌓인 미망인이 한 송이의 아름다운 붉은 장미를 정성스레 싸주기를 원했다. 남편의 마지막 가는 길에 놓기 위함이었다. 나는 그때처럼 '하나'의 위력을 크게 느껴본 적이 없다. 그것은 백 송이의 장미보다 백 마디의 말보다 더 큰 의미가 농축되어 흐르고 있음을 느꼈다.

꽃을 사러 오는 이들은 아름다운 눈을 하고 웃으며 온다. 곱게 늙으신 분들이 꽃을 사는 모습은 정말 아름답다. 착한 눈매로 꽃을 고르며 나직한 음성으로 말을 건넨다. 그들의 마음속에는 긴 삶의 여정 속에 갖가지 사연이 담긴 잘 가꾸어진 꽃밭이 있어 보인다.

Valentine's day가 지난 다음 날 아침이었다. 점잖으신 노신사가 붉은 장미 한 송이를 부탁한다. 부인에게 어제 주었어야 할 장미꽃이었다. 그분의 뒤 모습을 보며 젊은 날에 사랑스러운 아내에게 주었던 그 똑같은 장미가 그 마음속에 미소로 살아 있음을 본다.

나는 때때로 어린 손님을 맞는다. 어린 손님은 대개 심각한 얼굴로 조심스레 꽃을 고르기 일쑤다. 얼마를 지나 선택된 꽃은 아주 적은 돈으로 살 수 있는 꽃이다. 나는 꽃 고르는 그 마음이 예뻐서 정성스레 싸주며 누구에게 줄 거냐고 짓궂게 묻는다. 어린 손님은 웃으며 엄마에게 혹은 할머니께 선물할 거라 한다. 풍성하게 리본까지 달아주면 어린 손님은 달님처럼 환한 얼굴을 하고 급히 간다. 나는 작은 선물을 주고받으면서 기뻐할 광경을 상상하며 그들보다 더 즐거운 마음이 된다.

꽃내음처럼 사람을 황홀하게 하는 향기가 또 있을까? 지순이 품어져 나오는 향기를 맡고 있노라면 순간이나마 세상의 모든 근심과 걱정을 잊게 되고 평화로운 동심으로 이끌린다. 문득 천상의 꽃밭을 생각해 본다. 지상의 꽃향기가 이렇거늘 천상의 꽃은 얼마나 더 향기로울까? 그뿐이랴 옛날이나 지금이나 백합은 백합의 향기를 뿜는다. 비록 나쁜 환경에 처해 있을지라도 신이 준 그 모습 그 향기로 지조를 지키며 자기의 본분을 다한다. 결백하고 순수한 꽃무리들의 삶의 과정은 나를 크게 교훈 시킨다.

꽃꽂이를 하다 보면 꽃의 세계와 인간의 세계가 여러모로 같은 점을 발견하게 된다. 꽃꽂이란 여러 가지의 꽃을 어울리게 섞어 하나의 아름다운 형태를 만드는 것이다. 사람의 얼굴이 다르듯이 꽃의 얼굴도 다를 뿐 아니라 꽃의 개성은 사람의 개성 못지않게 독특하다. Lily는 도두 보이기를 좋아하고 Orchid의 고고한 품위는 타의 추종을 불허하며 국화는 마음씨 좋은 아주머니처럼 너그러움을 준다. 카네이션은 말없이 아무 꽃에나 어울려 조화시키는 어머니 사랑 같은 따듯한 꽃이다. 꽃 중에 왕이라는 장미는 봉오리부터 만개하여 꽃잎이 뚝뚝 떨어질 때까지 아름다움을 지닌다.

봄꽃은 봄꽃끼리, 가을꽃은 가을꽃끼리, 산에서 온 꽃은 산꽃끼리 꽂아야 다정해 보이고 제멋이 난다. 서로 다른 우리가 섞이어 살며 조화를 이루듯 꽃을 잘 어울리게 꽂아 놓으면 아름다운 협주곡을 듣는 것처럼 마음을 즐겁게 한다.

나에게는 여러 개의 이름이 있다. Flower Lady, Florence, Betty, Kay. Madam flower로. 불리는 이름에 따라 누가 나를 부르는가를 알 수 있다. 그중에 나는 Mr Johnson으로부터 "Madam flower"로 불리는 것을 좋아한다. 꽃집 아주머니에 해당하는 말이겠지만 "Good morning Madam flower" 신선한 아침 시간을 깨며 불러주는 그 이름은 나를 즐겁게 한다.

품위 있는 부인과 딸을 가진 Mr Johnson은 호주의 전형적인 할아버지다. 항상 단정하게 모자를 쓰고 가죽가방을 든 그는 아침마다 꽃집을 지나며 인사말을 던지곤 한다. 3년 동안이나 꽃집을 지나치며 우리를 살펴보았다고 한다. 아집이 강하고 보수적인 그가 어느 날 갑자기 자기를 소개하더니 꽃을 사 가기 시작했다. 그 후부터 힘겹게 일하는 우리를 보고 연민의 감정에서일까 따듯한 위로의 말을 서슴지 않는다. 뿐만 아니라 기독교인인 그는 꽃을 보며 놀라우신 하나님의 솜씨에 탄성을 올리며 감탄하기 일쑤이다. 자유와 평화를 사랑하는 그는 '걸프전' 종전의 기쁨을 자기 집 뜰에 세운 국기 게양대에 국기를 게양하며 이웃 친지를 모아 놓고 감사 예배를 드릴 정도로 본받을 만큼 애국자이다.

아침 일찍 Mrs Forman의 며느리가 찾아왔다.

"저 Mrs Forman이 돌아가신 것 아시나요?"

"네? 언제요?"

"지난주 화요일이었어요. 갑자기 심장에 이상이 생겨 돌아가셨어요. 다행이었어요. 고생을 안 하셨으니. 올해로 86세이셨거든요.

"…."

Mrs Forman은 할머니이지만 소녀 같은 얼굴을 하고 항상 잘 웃으신다. 몸이 불편하여 지팡이와 며느리의 부축을 받지만 매주 수요일마다 어김없이 오시는 단골손님이다. 오실 때마다 그는 나를 껴안으며 두 번씩이나 키스를 한다. 그는 옅은 분홍색 카네이션을 좋아한다. 분홍색 종이에 꽃을 싸고 분홍색 리본을 매어 드리면 항상 처음인 듯 즐거워하신다. 거스름돈은 동전으로 달라고 청하신다. 저금통에 넣기 위함이다. 사탕가게와 보석가게를 둘러보고 꽃을 찾아가시며 그 삭정이 같은 양팔로 나를 다시 안으며 키스를 한다. Mrs Forman의 뒷모습은 나로 하여금 한 주일을 다 보낸 듯한 기분에 쌓이게 한다. 이제 그분은 다시 안 온다. 난 그 허허로운 빈 팔에 안길 일도 없다. 그보다 이제 나는 더 이상 Mrs Forman을 위하여 향수를 뿌릴 일이 없다. 그분의 저금통을 생각하며 종일 우울한 날이었다.

몇 년째 나는 작약꽃 사기를 꺼려한다. 그것은 그것을 꼭 사던 주인을 잃은 때문이다. 어느 날엔가 50에 넘나드는 아름다운 부인이 꽃집에 왔다. 부인은 화사하게 피어난 작약을 듬뿍 사 들고 갔다. 검고 큰 눈과 유난히 붉은 부인의 볼은 핀 작약과 어울려 참으로 환상적이었다. 짧은 작약 철이 지나는 동안 그 부인은 꽃 사기를 게을리하지 않았고 나 또한 준비하는 정성을 잊지 않았다. 해가 거듭되며 작약 철이 되면 어김없이 부인은 찾아왔고 우리는 작약을 건네주고 받는 것으로 넉넉히 기쁨을 나눌 수 있었다.

몇 주째 작약의 주인은 나타나지 않았다. 달포 후쯤인가 한 낯선 여인이 와서 그 부인에 대한 이야기를 조심스레 했다. 얼마 전에 갑자기 쓰러져 손쓸 틈도 없이 세상을 떠났단다. 내가 기다릴까 봐 소식을 알린단다. "어쩜 건강해 보였는데, 젊은 나이인데, 그럴 줄 알았으면 물어볼걸, 왜 작약을 그토록 좋아하느냐고? "

새벽 꽃 시장은 온통 꽃내음으로 들썩인다. 들꽃은 들 냄새를 산에서 온 꽃은 산 냄새를 가져온다. 드나드는 사람들은 거칠지 않으며 조용조용히 꽃을 사며 판다. 따듯한 눈인사가 속삭임처럼 오고 간다. 나는 피어 있는 꽃을 보며 하나님의 '웃고 계심'을 본다. 그리고 '우리를 사랑하신다'는 세미한 음성을 듣는다.

나는 세상의 많은 직업 중에 꽃을 사는 즐거움과 파는 즐거움이 있는 나의 직업을 사랑한다. 오늘도 예쁜 꽃을 많이 사리라. 그리고 예쁘게 진열하여 해바라기처럼 웃고 오는 손님들을 기쁘게 해 주리라. 포장을 예쁘게 하고 리본을 크게 크게 달아 주리라.

고향

이른 봄 아는 분으로부터 조선호박 모종 서너 개를 건네받았다. 모처럼 얻어진 여유로운 삶이니 호박도 키워보며 즐거움을 가져 보라는 축하의 선물인 것이다.

이민 온 사람들에게 조선호박은 각별하게 고향의 향수를 갖게 한다. 이곳이라고 호박이 없으랴 마는 생김새는 언뜻 보아 호박인지 오이인지 분별이 잘 안 가고 맛 또한 씁쓸한 맛까지 있어 아무리 정성스럽게 멋 내고 맛 내봐도 조선 애호박의 상큼하면서도 달착한 맛에는 견줄 수가 없다. 때문에 여름 저녁상에 쉽게 올랐던 호박 맛을 얼마나 그리워했던가?

Kyung '18

손가락 사이로 흐트러지는 봄의 흙은 부드러웠다. 마치 온갖 씨앗을 품어 싹을 틔우려는 대지는 예서나 제서나 어머니 품처럼 훈훈하고 따듯한 촉감을 느끼게 했다

어렸을 적 큰댁 시골 텃밭에서 보았음 직한 형태대로 구덩이를 넓게 파서 모종을 심고 곁으로는 계분 섞인 퇴비를 둘러 제법 그럴듯하게 모양새를 갖추어 심었다. 이만하면 올여름 식탁은 맛스러운 조선호박이 고향의 입맛으로 우리를 호사스럽게 할 것이라고 기대했다. 또 더러는 늙은 호박으로 남겨 두었다가 늦가을에 따서 예전에 할머니가 하시던 대로 호박 고잼이를 만들어 빨랫줄에 널어 말려 보리라. 부푼 마음으로 떡잎에 떠받치어 막 나오고 있는 새잎을 정스럽게 바라보았다. 뿐이랴. 아침저녁으로 물주기를 게을리하지 않았고 잡초 또한 자랄 새 없이 뽑아 주었다.

그런데 웬일일까? 맺히라는 호박은 안 맺히고 검푸른 호박잎만 줄기차게 뻗어 나가고 있지 않은가! 늦호박이겠지… 때를 기다려도 호박은 안 보이고 호박잎만 무성하게 밭 언저리까지 휘돌아치며 퍼져 나갈 뿐이다. 드디어 호박 거두기를 포기하고 때를 보아 호박잎쌈으로 만족하리라, 섭섭하고 아쉬운 마음을 달래였다.

그날은 유난히도 하늘이 높아 보이며 푸르고 맑았다. 그

맑은 하늘에 유유히 떠가는 구름, 그것은 그 옛날 시골 큰댁 대청마루에 무료하게 누워서 보던 그것과 닮아 있었다. 게다가 뜰 앞 나무의 높은 가지에서는 매미가 청아하게 노래하고 있지 않은가. 문득 어린 날의 정취가 불현듯 다가와 마음을 온통 들뜨게 했다.

'이런 날 호박잎쌈을 해 먹어야지.' 포실하게 돋은 호박잎 가시를 손바닥으로 느끼며 윤기 나는 호박잎을 땄다.

'호박잎쌈에는 보리밥과 강된장이 제격이라.' 서둘러 보리밥을 짓고 투박한 뚝배기에 멸치와 풋고추를 썰어 넣어 된장을 끓였다.

상차림을 잘해서 대청마루에 앉듯 편안히 앉았다. 그리고는 그 옛날 그때로 돌아가 그 본 대로 호박잎에 보리밥을 담고 된장을 얹어 오므려 입속에 넣었다. 그날을 먹듯이….

그런데….

그 맛이 아니었다.

그날이 아니었다.

같이 앉았던 큰어머니는 어디 가셨을까? 큰댁 언니, 새언니는 어디 가셨을까? 주거니 받거니 떠들던 말소리들은 어디 갔을까? 댓돌 아래서 꼬리치며 우리를 바라보던 누렁이는 어디 갔을까? 앞마당에 피를 토하듯 피어 있던 칸나는 어디 갔을까?

호박잎쌈을 터지게 밀어 넣었던 볼을 타고 뜨거운 눈물이 주르르 흘러내렸다.

….

아직도 매미는 목청을 돋우고, 흰 구름은 말없이 파란 하늘을 유유히 흘러가고 있는데….

양란의 유희

내 집 거실에는 사기로 만든 조형물, 다정한 백조 한 쌍이 있다. 부리는 황금빛을 머금고 목덜미에는 꽃장식이 화려하다. 암놈의 부리는 수놈의 가슴에 기대어 사뭇 편안함과 사랑스러움을 담고 있다.

이들 백조 부부를 보고 있노라면 나도 남편과 저렇게 살아가고 싶은 바람과 내 자손들도 짝지어 백조 부부처럼 정답고 아름다운 모습으로 살아가기를 바라는 염원이 있다.

이 세상에서 아름다운 것 둘만 말하라면 아가의 웃는 얼굴과 짝지어 노니는 한 쌍을 들겠다. 그 둘 중에서 하나를 고르라면 나는 짝지어 있는 한 쌍을 택하겠다. 그것은 생명의 근원이요, 만물 만상의 질서요, 하나님의 원초적 축복이리라. 또한 굳이 내가 한 쌍에 대하여 집착하는 이유는 10살에 엄마를 잃은 그 빈자리의 슬픔과 외로움을 채우고 싶은 속 깊은 갈망일 수도 있다. 때문일까. 상점 진열장에 진열된 짝지어 있는 예쁜 한 쌍을 보면 서슴없이 사는 버릇이 있다. 하마부부를 비롯해 원앙, 곰, 코알라…. 생명은 없어도 서로의 몸짓으로 여러 가지 마음 표현을 한다. 주둥이를 가까이 어긋맞게 놓으면 속살거리는 소리가 들리는 듯하고 몸통을 뒤틀리게 놓으면 영락없이 싸운 모습이다.

그런데 이제는 사랑스러웠던 백조 부부가 애처롭게 보인다. 55년을 함께 살아온 남편이 내 곁을 떠났기 때문이다.

양란 꽃줄기가 유희를 한다면 누가 믿을까?

3년 전쯤. 남편의 정기검진을 받으러 병원에 갔다가 돌아오는 길이었다. 인적 드문 병원 모퉁이에 버려진 양란 화분이 눈에 띄었다. 누군가의 병상에 위문으로 왔다가 버려진 것이다. 뜨거운 땡볕에 그대로 두면 아주 죽어버릴 것 같았다. 양란 좋아하는 남편 역시 연민의 시선으로 바라보는 것이 아닌가. 우리는 무언의 합의로 꽃의 모양도, 꽃의 이름도

모르면서 버려진 것이 가여워 집으로 가져와 화분에 심었다. 양란은 화분에서 생기를 되찾으며 튼실하게 잘 커갔다.

그런데, 이럴 수가…?

남편이 세상 떠난 바로 그날, 화분의 양란이 활짝 꽃을 피웠다. 버려진 양란을 거두어 준 손길에 대한 보응일까? 늘어진 두 줄기에 그득히 꽃을 피웠다. 짙은 보라색 꽃잎에 흰색의 줄무늬가 박혀 흔히 볼 수 없었던 양란이다. 더욱이 양란이 뿜어내는 맑고 그윽한 향기는 마치 문상객을 접대하듯 온 집 안에 가득하다. 슬픔의 그날 양란은 꽃과 향기로 남편이 그곳에 함께 있는 것 같아 큰 위로를 받았다.

남편의 1주기가 되었다. 가까운 친지들이 모여 남편을 추모하는 자리. 그날도 양란은 다소곳이 피고 청아한 향기로 추모객을 맞아주었다. 마치 하나님께서 주신 축복이듯, 위로이듯, 남편의 선물이듯 그리움의 마음을 거두어 주었다. 그로부터 나는 양란이 고마워 항상 눈맞춤을 하며 정성껏 돌봐 주었다.

어느덧 남편의 2주기가 다 되어 가는데도 이번에는 양란이 꽃 필 생각을 안 한다. 나는 양란에게 말을 걸었다.

"어쩌려고 안 피는 거니? 추우니?"

베란다에서 따듯한 거실로 들여다 놓았다. 온도가 맞았을까. 며칠이 지나자 4줄기의 꽃대가 나왔고 그중 2줄기는 아주 실하다.

그런데, 이게 웬일인가?

그날 저녁에 보니 실한 2줄기가 서로 기대어 백조부부의 다정한 모습을 하고 있는 게 아닌가. 며칠 후 이번에는 손을 맞잡은 것처럼 하트를 그리며 나를 놀라게 했다.

양란 줄기가 유희를 하다니… 들어보지도 못한 양란의 유희를 보면서 흥분과 감격에 휩싸이며 남편이 나에게 준 선물인 듯싶어 새로운 행복감을 맛보게 했다.

꽃도 내 말을 알아듣는가?

내 그리움의 마음을 읽은 것인가?

양란의 유희가 허전한 내 마음을 감싸주었다

그 유희하는 사랑스러운 양란은 Zygopetalum이라는 이름을 가지고 있다.

며느리와 화분

내가 그 관상용 식물의 화분을 처음 본 것은 10년 전쯤의 일이었다. 작은 표지에 적힌 식물의 이름을 보며 그냥 지나칠 수 없었던 기억이 난다.

'Mother-in-law's-tongue' 즉 '시어머니 혀'라는 이름이 붙여졌다. 보통 '산세베리아'로 불리는 이 식물은 잎이 길쭉한 모양으로 자라며 잎 가장자리에 노란 줄이 쳐 있다. 잎끝이 뾰족하고 날카로워 그것을 빗대어 '시어머니 혀'라는 이름이 붙었을 것일 게다.

별로 아름답지 못한 이름을 가진 그 식물을 보며 살아오는 동안 들어왔던 고약한 시어머니들의 이야기를 떠올렸다.

뿐만 아니라 이런저런 이유로 고즈넉이 혹사당하고 있는 선량한 며느리를 편드는 입장이었다. 그러면서도 그것은 어디까지나 소설 속에 나오는 한 대목이요 남의 이야기였다.

그런데 지금은 어떠한가?

정해진 아들의 결혼식 날이 가까워지자 며느리 맞는 기쁨보다 시어머니 노릇할 일에 걱정이 앞선다. 앞서거니 뒤서거니 햇 시어머니가 된 친구들은 의젓하게 시어머니 노릇도 잘하는 성싶은데 시집살이를 못 해본 나에게는 두려움이 앞선다. 그 무렵 불현듯이 그 고약한 이름의 식물이 생각나서 급기야는 화원으로 달려갔다. 중간 크기의 '산세베리아'를 사들고 와 예쁜 바구니에 넣어 내가 잘 볼 수 있는 식당 모퉁이에 놓았다. 그것은 나에게 비장한 각오의 상징이었다.

며느리는 대학을 갓 졸업하고 이국 땅 이곳으로 시집온 청순한 서울 아가씨이다. 결혼 후 곧장 신접살림을 차릴 수도 있었지만, 이국의 낯선 환경에도 적응하고 시집 풍속도 익힐 겸 몇 달 만이라도 함께 살기로 했다.

신혼여행에서 돌아온 다음 날 아침 며느리는 일찍 일어나 부엌에 나와서 새며느리 노릇한다고 서툰 몸짓으로 설거지를 한다. 나는 그 모습을 보면서 예상치도 않게 눈물이 핑 돌며 말할 수 없는 연민의 정을 느끼게 했다. 이제껏 자기를 가꾸어 오던 서울의 온갖 것을 다 놓아두고, 그보다 사랑하는 부모와 형제를 떠나서 지아비를 쫓아 이역 만리 낯선 이곳까지 오지 않았던가? 여인으로 태어나 시어머니와 며느리로 만나게 된 우리는 앞으로 어떠한 대화로 서로의 폭을 좁혀가게 될까?

다음 날도 또 그다음 날도 부엌에서 며느리의 일과는 찾는 것부터 시작된다. 생소한 시집 살림을 익히기가 그리 수월치는 않으리라. 찾다가 못 찾으면 민망스러워하며 묻는다. 남편은 나에게 이른다.

"며느리에게 부엌살림 있는 곳을 잘 가르쳐 주지 그래?"

"…. 글쎄 그게 그래요. 가르쳐 주자니 며느리를 부엌일이나 시키려고 하는 것 같고 안 가르쳐 주자니 못 미더워 그러는 것 같고. 그냥 물으면 그때그때 가르쳐 줄까 봐요."

성격에 구김이 없는 며느리는 동갑내기 시누이와는 또 다르게 의젓하게도 며느리 노릇을 잘한다. 신세대 요리로 식탁을 즐겁게 꾸미기도 하고, 종달새처럼 항상 재담 있는 말솜씨로 온 식구들의 마음을 기쁘게 한다.

몇 달 후 처음 맞는 시아버지의 생신날이었다. 평소보다 늦게 일어난 며느리는 쑥스러운 표정을 하고 부엌으로 왔다.

"어머니 미역국 어떻게 끓여요?"

Kyung 18

"응? 왜 미역국 끓이려고? 괜찮아. 내가 끓이고 있어"

"사실은 꿈속에서 미역국을 끓이는데 잘 안 돼서 또다시 끓이고… 그러다가 보니 늦게 일어났어요."

"저런 애썼구나. 꿈에 미역국을 다 끓였으니. 네 시아버님은 복도 많으시다 새며느리가 꿈에 끓인 미역국을 다 드시고…"

얼마나 긴장했으면 꿈에 미역국을 다 끓였을까? 그날 며느리가 꿈에 끓인 미역국으로 시아버지의 생일 식탁은 더욱 풍성했다.

어찌된 일인가? 며느리를 맞기 전 '산세베리아' 화분을 보고 다짐하며 그려 놓았던 위엄 있는 시어머니상은 간 곳 없고 며느리와 이야기하며 헤프게 웃는 내 자신을 발견한다.

문득 며느리 보았다는 내 말에 유난히 시어머니와 사이가 좋았던 현이의 축하 겸 충고의 말이 바람처럼 스쳐간다.

"잘 해줘라. 시어머니는 며느리에게 아무리 잘 해도 친정어머니가 될 수 없고, 며느리는 시어머니에게 아무리 잘 해도 딸이 될 수 없다. 시어머니가 며느리를 딸과 비교할 때 며느리는 제일 슬프단다. 어찌되었던 며느리는 너의 자손을 낳아 대를 이어줄 사람 아니겠니?"

오늘도 그 고약한 이름의 '산세베리아' 화분은 식탁 모퉁이에서 나에게 무언의 격려를 하며 물끄러미 지켜보고 있다.

자카란다 이야기

꽃이 예쁘다. 우람하게 큰 나무에 보라색으로 꽃구름이 되어 파란 하늘에 뭉게뭉게 수놓아져 있다.

자카란다(Jacarandas), 해마다 초여름 길목에 피는 꽃, 학명은 Mimosifolia로 원산지는 브라질이다. 종을 눕혀 놓은 모양의 작은 꽃이 50개 혹은 그 이상이 한 송아리가 되어 대개는 잎이 피기 전 꽃부터 핀다. 이 꽃을 보면 마음이 환히 열리고 무엇인가 좋은 일이 막 일어날 것 같은 환희에 잠긴다. 꽃이 너무나 좋아 열 시간 넘게 걸리는 데도 자카란다 축제가 열리는 Grafton에 가 본 적도 있다. 6000주가 넘게 심겨져 있는 Grafton에는 온통 자카란다 천지였다. 그곳에

걸맞게 꽃으로 꽃목걸이를 만들어 걸고 팔찌를 만들어 끼면서 한껏 꽃 치장을 했던 추억이 있다.

그런데 이 꽃의 또 하나의 이름이 '공포의 꽃'이란다. 왜일까?

자카란다 꽃이 피는 11월이 되면 고3에게는 대학능력 시험이라는 큰 산을 넘어야 한다. 거의 한 달 동안 치러지는 시험은 수험생들에게는 고통의 시간이다. 수험생들에게 자카란다는 예쁜 꽃일 수 없다. 그냥 공포의 꽃일 수밖에 없다.

나는 환희의 꽃이 공포의 꽃이라니 어울리지 않는다고 비껴 놓았는데 지금 나에게도 그 꽃이 공포의 꽃으로 다가오고 있다. 사랑하는 손녀 아이가 자카란다가 필 때쯤이면 대학 능력시험을 보아야 한다.

아주 오랜만에 우리집에 아기 울음소리를 선사했던 아이, 온통 새로운 기쁨으로 집 안을 들썩이게 했던 아이, 그 아이가 대학 능력시험이라는 터널을 지나야 하는 지점에 이른 것이다. 아이가 태어나 젖내음을 풍기며 내 품에 안겨 왔을 때 형용할 수 없는 감격을 주더니 커 가면서 예쁜 몸짓으로, 웃음소리로 우리를 즐겁게 했다. 아이를 볼 때마다 아이가 걸어가야 할 삶의 길이 아름답고 밝게 빛나기를 바라는 간절한 축원의 기도가 저절로 나오곤 했다.

사춘기에 접어들었을 때였던가. 어느 날 아이는 내 품에 덥석 안기며 눈물을 흘린다.

"왜 그래? 어디 아프니?"

"아니야… 그냥 자꾸만 눈물이 나와"

등을 토닥이며 문득 지난날 내 모습을 떠올렸다. 낙엽이 굴러가는 것을 보고 무엇이 그리 우스운지 까르르 웃음을 터트렸던 때, 밤하늘의 별빛이 너무 아름다워 눈물짓던 때, 감정의 기복이 정리되지 않아 혼란스러웠던 때, 사물에 대한 자기 사유와 어설픈 가치관이 정립되어 가던 때, 내밀한 비밀의 방이 마음속에 자리 잡아 가던 때.

또 황량한 벌판에 혼자 있는 듯 외로움과 두려움에 훌쩍이던 때가 생각나 아이를 감싸 안으며 성장통의 고통이 속히 지나가기를 바랐다.

학년이 높아 갈수록 아이에 대한 사랑은 염려에서 연민으로 변해갔다. 장차 이 험난한 세상을 어떻게 맞서 싸워 나갈까. 도무지 연약해만 보이는 아이, 그 힘듦을 나눌 수만 있다면 덜어주고 싶은 아이. 나는 그 아이에게 무엇으로 힘이 되어 줄 수 있을까?

그 무렵 내가 플루트를 배우고 그림 배우기를 시작한 것은 무엇인가 아이에게 힘과 용기를 불어넣어 주려는 생각에서였다. 물론 지난날 하고 싶었던 미련을 아주 떨쳐 버릴 수 없었던 이유도 있었지만, 시험을 향해 뛰고 있는 아이에게 함께 뛴다는 격려와 사람은 마음먹기에 따라 무엇이든지 해낼 수 있다는 도전을 보여주고 싶어서였다. 사실 늦은 나이에 시작한다는 것이 무리가 있다고 생각했지만 5년 후를 놓고 보았을 때 지금이 5년 빠르다는 생각에 주저 없이 용단을 갖게 했다.

그런데 시작은 망설임 속에 있었지만, 배울수록 새로운 즐거움과 놀라움이 나를 매료시켰다.

플루트. 악기에 바람을 불어넣어 처음 소리를 만들어 냈을 때의 그 신기함과 또 악보와 박자를 따라 멜로디가 흘러나올 때는 스스로 대견하기까지 했다. 나에게는 플루트 하면 연상되는 한 폭의 그림이 있다. 온 둘레가 꽃밭인 녹색의 장원 속에서 온갖 새들과 풀 벌레와 함께 평화로이 플루트를 부는 아름다운 여인의 그림. 그것은 낙원, 그래서 플루트를 좋아하게 되었는지도 모른다. 남의 연주를 듣기만 하던 자리에서 서툴지만 나도 할 수 있다는 도약이 나를 얼마나 경쾌하게 하는가. 더욱이 남에게 보일 일 없이 싫증나도록 연주하며 얻는 그 즐거움을 그 누가 빼앗을까.

그림은 어떠한가. 그리고 싶은 마음은 큰데 표현능력이 부족하여 미술 시간이 지루했던 내가 화실에서 처음 연필을 잡으며 몹시 심란해했다. 그러나 시간이 거듭될수록 또 다른 세계가 열리고 이제껏 경험해보지 못했던 가슴을 뛰게 하는 설렘의 세계가 펼쳐지는 것이다. 색깔을 조합할 때는 층층이 쌓여 있는 색깔 속의 색깔이 보이며, 겹겹이 겹쳐져 있는 사물의 속살이 보이는가 하면 그늘의 두께까지 지나쳐 보이지 않는다.

남의 그림 보는 것에 만족하며 국전이며 유명 전시회를 쏘다니던 내가 선생님의 도움을 받으며 작품을 완성할 때마다 부족한 대로 해 냈다는 성취감으로 자축하며 또 다른 나를 만난다. 그것은 새로운 희망이요, 자신감이다. 모든 사물이 예사로 보이지 않아 자세히 보게 되고 보면 볼수록 세상 만물이 얼마나 아름다운지, 또 얼마나 정답고 사랑스러운지, 사물을 순간 포착으로 화폭을 들이대 보면 모든 것이 명화의 소재로 꽉 차 보인다. 뿐만 아니라 감상의 폭도 넓어져 그냥 스쳐보았던 작품도 작가의 표현 방법과 붓끝 처리까지 쫓아 보면 작가의 세미한 감정이 읽혀지며 더 나아가 그림의 비밀까지 보는 듯싶어 새로운 감동을 갖게 한다.

아이에게 '할 수 있다' '하면 된다'는 격려를 주기 위해 시작했지만 지금은 오히려 새로운 나를 찾아내고 악기로 그림으로 아름다운 세상을 표현하며 거기에 따라 희열을 맛볼 수 있어 또 다른 세상을 갖게 한 아이에게 고마움을 전한다.

어느덧 자카란다 꽃도 져가고 대학능력 시험도 막바지에 이르렀다. 그 큰 산을 힘겹게 넘어온 아이는 오늘로 마지막 시험을 치른다. 오늘이 지나면 아이는 날개를 달고 그동안 묶여 있던 마음의 시공을 큰 날갯짓으로 힘차게 날으리라. 또 졸업생들의 향연 Formal Party에 예쁜 드레스를 입고 즐거운 추억을 많이 만들리라.

나는 자카란다의 꽃구름을 보며 플루트를 불어본다. 그것은 아이에게 사랑과 격려를 음률에 실어 보내는 나의 기도이다. 이제 내일부터는 자카란다 꽃이 더 이상 공포의 꽃이 아니라 마음이 활짝 열려 무엇인가 좋은 일이 막 일어날 것 같은 희망과 기쁨의 꽃으로 봐도 되겠지….

봄마중

저 먼 산 끝
봄소식이 있다기에

겅중겅중 뛰어나가
겨울나무에게 물었다

봄이 어디까지 왔나요?

겨울나무가 눈자락을 탁 털며
눈을 흘긴다

이거 안 보여?

2

하얀 학이 되어

갖는다는 것

사고 싶은 욕망이 적어진다는 것은 슬픈 일들 중의 하나이다.

내가 꽃집을 할 때, 때때로 오는 손님들 중 선물할 꽃을 사면서 선물 받을 주인은 모든 것을 다 가졌으므로 사줄 것이라고는 꽃밖에 없다고 말한다. 나는 그때 갖는다는 것도 한계가 있구나 생각하며 의아해했는데 지금 나는 그 의미를 느껴보며 조금은 서운한 감정에 사로잡힌다.

무엇을 산다는 것은 기쁜 일이다. 마치 동전 한 닢을 가진 어린아이가 그 돈으로 사탕가게에 진열된 모든 것을, 혹은 장난감 가게에 진열된 갖고 싶은 모든 것을 살 수 있다는

Kyung 3.'22.

환희에 잠기듯 꼭 사고 싶은 물건과 그것을 살 수 있는 돈을 갖는다는 것은 우리를 얼마나 행복하게 하는가?

호주 사람들이 좋아하는 Lay By(할부구매)를 나도 즐기던 한때가 있었다.

한참 부엌 그릇 치장에 분주할 무렵, 고급 그릇 가게 안의 진열장 가득히 저마다 예쁜 모습을 드러내며 화려하게 들어앉은 그릇들은 내 발걸음을 붙들기에 충분했다. 꿀을 본 벌같이 바쁘게 그 가게를 드나들다 마침내 Lay By를 시작한다. 매주 혹은 보름에 한 번 약속한 돈을 지불하며 머지않아 그것을 갖는다는 설레임은 나를 온통 기쁘게 한다. 드디어 그 물건이 내 집에 올 때쯤이면 그동안 들인 정으로 생명감까지 느끼게 한다.

살아오는 동안 이런 이유 저런 모양으로 사들인 옷이며 그릇들이며 등등의 크고 작은 물건들로 꽉 찬 장롱과 진열장이 이제는 오히려 나를 무겁고 어지럽게 한다. 좀 버려야 한다는 생각과 쉽게 버리지 못하는 용단은 그것들이 가지고 있는 추억과 기억들이 아직도 내 마음을 풍요롭게 하고 있기 때문이다. 또 그들이 어쭙잖은 주인의 미미한 사랑을 받으면서라도 아직은 놓임을 받을 때가 아니라고 버텨주는 고마움도 있으리라.

호주에는 골동품 상점과 중고품 판매점이 많다. 또 사람들은 그곳을 거리낌없이 드나들며 혹시 마음에 든 물건을 샀다면 자랑하기 일쑤이다.

언제인가, 시골 마을을 여행할 때였다. 고풍스러운 건물에 골동품가게가 있다.

골동품상 밖의 진열장에 아름다운 문양의 채색이 섬세하고 선명한 커다란 사기그릇이 있다. 척 보아서 무척 오래된 것으로 보여 그 그릇에 닿았던 손길을 상상해 본다. 어느 귀부인의 세수 그릇이었을까? 아니면 어느 정 많은 여인의 반죽 그릇이었을까? 세수 그릇이었다면 그 오랜 세월 동안 얼마나 많은 얼굴이 씻김을 받았을까? 아기 얼굴, 청순한 소녀 얼굴, 새색시 얼굴, 중년 여인 얼굴, 얼굴 얼굴이 겹쳐서 지나간다. 만일 반죽 그릇이었다면 그 그릇을 통하여 풍요로운 식탁을 사랑하는 가족들에게 공급했을 부지런하고 상냥한 부인이 주인이었을 테지.

호기심에 이끌리어 그 가게 안으로 들어섰다. 가게 안에서 풍기는 그 특유의 냄새와 시선에 닿는 골동 잡화를 보며 과거를 비행하는 착각을 하게 했다. 거기에는 수많은 종류의 잡화들이 그 나름대로 끼리끼리 정돈되고 진열되어 있다. 비로드 천을 입힌 등의자를 비롯하여 깃털이 달린 모자, 장갑,

구슬 빽, 목걸이, 반지, 굽 높은 실크 구두, 사기그릇과 유리그릇, 은그릇, 은 스푼, 낡은 전화, 시계, 사진틀 또 저쪽 한편에는 수줍은 신부들이 입었을 법한 몇 벌의 웨딩드레스들이 낡은 모습으로 자리를 지키고 있다.

중년의 주인 남자는 금테안경에 정장을 하고 있어 이 골동품 가게와 걸맞아 보이며 골동품 가게의 으스스함을 걷어내주었다. 물건들을 가리키며 얼마나 오래되었는가를 궁금해하는 나에게 주인은 친절하게 조목조목 일러준다. 그중에 거무죽죽하게 변해버린 흰색의 페티코트를 가리키며 120년 전의 것이었다며 그것을 갖고 있는 자신을 자랑스러워했다.

그렇다. 여기에 있는 모든 물건들은 이미 주인이 있었던 것이 아닌가? 새 물건들은 주인을 기다리며 미래를 보지만 헌 물건들은 이미 주인을 가졌었으니 과거를 보는 것이다. 비록 주인은 떠나서 없지만 물건 하나하나에는 저마다 주인과 함께 가졌던 숱한 이야기들이 담겨져 있다.

그동안 나의 품위를 지켜주고 나를 풍요롭게 했던 나의 물건들. 또 내가 그렇게나 좋아하고 끔찍이 여겼던 모든 물건들이 주인인 나로부터 놓임을 받아 낙엽처럼 흩어질 때가 있겠지. 나만이 가졌던 숱한 이야기와 나의 추억을 간직한 채….

백수연

롯데 호텔 크리스탈볼룸.

연회장은 환하고 넓었다. 홀 중앙에 드리워진 상데리아의 오색 불빛이 현란하다. 초입에 장식된 Ice Carving을 비롯해 모든 준비가 끝나가며 연회 후에 있을 음식 차림을 위해서 분주히 사람들이 오갔다. 문밖에는 내 키보다 큰 화환들이 즐비하게 서 있다.

우리 6남매가 마음 졸이며 기다렸던 아버지의 '백수연' 날이다. 1910년에 태어나셨으니 올해로 만 98세이시지만 우리 나이로 99세, 백수로 예우하는 것이 우리의 전통이 아닌가.

아버지를 비롯하여서 이 땅에 태어난 자녀손들이 그 배우

Kyung 14

자들과 합쳐 50명이나 되는 복을 가지셨으나 1세기를 살아 오시며 그 험한 질곡을 넘어오시느라 얼마나 힘드셨을까?

시골 농촌에서 태어나셨지만 '배움이 곧 힘이다' 뜻을 품고 고학으로 일본 명치대학교 경제과를 졸업하신 우리 아버지. 고학으로 다져진 근면과 강인함이 아직도 아버지를 버티게해 준 원동력이다. 게다가 '목구멍에 칼이 들어가도 거짓말은 하지 말라' 교훈하셨던 올곧은 성품은 그 학식으로 풍요롭게 살 수도 있으련만 청렴하게 살아오신 삶의 방식이 오늘 백수를 누리게 되심이 아닌가. 맏이인 내가 아버지의 살아오신 삶의 굽이굽이를 생각하면 감격스러워 눈물이 나오지만 그보다 더 큰 것, 집안에 노인을 있게 하신 하나님께서 주신 축복에 감사하고 우리 형제들이 백수 맞으시는 아버지를 뵐 수 있다는 것, 이 기쁨을 어찌 말할까? 권세가 높다고 또 부요하다고 아무나 할 수 있는 연회가 아닌 것을.

예식 진행 사회자의 능숙한 사회로 순서가 시작되고 있다. 예를 갖추어 맏아들 내외가 큰 상차림을 한 단상에 아버지를 오르시게 한다. 흐트러짐이 없는 모습에 잔잔한 미소가 감도신다. 어찌 저렇게 맑은 얼굴을 가지실 수 있을까? 나이들어 불평과 불만으로 일그러진 얼굴을 가진 분도 보아왔지만, 오늘따라 기쁨으로 가득 찬 아버지는 어린아이에게서 볼 수 있는 해 맑은 얼굴을 하고 계신다. 아버지의 약력 소개와 몇 분의 내빈 축사, 목사님의 축복 기도에 이어 아버지의 정중한 답사는 350여 하객들의 마음에 훈훈한 감동이 되어 뜨거운 박수가 끊이질 않는다.

아버지는 농담도 잘 하신다. 지난 6월 내 생일이었을 때 아버지를 모시고 있는 막내 남동생이 "아버님 누나가 7순 생일인데 축하 전화나 한번 해 주시지요?" "그 애가 벌써 그렇게 됐냐… 에이 7순이 무슨 축하 받을 생일이냐?"

허허, 웃으시더란다. 뿐이신가, 재작년 미수연을 성대하게 지내시고 몇 달 후 돌아가신 어머니를 향하여 "한창 살 나이인데, 젊은 나이인데, 아깝게 돌아갔어." 하시며 그 애석함을 항상 말씀하신다. 정갈하신 아버지는 지금도 집안의 샤워실을 마뜩지 않게 생각하시며 일주일에 두 번 공중목욕탕에 가셔야 직성이 풀리신다.

사회자의 가족 소개가 있은 후 헌화와 헌주로 진행되고 있다. 헌주가 끝난 후 자녀손들이 아버지 앞에 나붓이 엎드려 감사의 배례를 올렸다. 눈물이 울컥 나오려 한다.

며칠 전 중구청 신문사에서 집으로 와 백수연 축하 인터뷰를 해 갔다. 의연하고 당당하게 또 재미있게 인터뷰하시는 아버지를 보고

"형님, 제가 아버지를 모시고 C F 사업을 해 볼까 해요"

"무슨?"

"뭐, 보험 상품이라든가, 건강 상품이라든가…. 백세에 뭐 어쩌고, 어쩌고… 물론 저도 아버님 옆에 같이 찍는 거죠."

"어유, 너 바빠지겠다. 잘해 봐."

이제껏 아버지를 모시고 있는 막내 올케의 애교 섞인 너스레가 정겹고 고맙다.

삼 층짜리 커다란 케이크 앞에 모두들 둘러섰다. Cutting knife를 잡으신 아버지 손 위에 내 손을 얹었다. 살피듬은 없지만 따듯한 온기가 전해온다.

아… 저 손. 저 손에 이끌리어 내 작은 손이 커졌지. 때로 따끔한 매도 맞았지만 어렸을 적 저 손을 잡고 곡마단 구경도 갔고 검도 연습장에도 갔었다. 아버지와 나는 나란히 앉아 구경에 그쳤지만 나는 검도복의 검은 자락과, 얼굴에 쓴 호구 그리고 휘두를 때마다 부딪치는 금속성의 예리한 소리

와 함께 불빛에 반사되어 섬광처럼 빛나는 검도가 어찌나 무서웠던지. 아버지 손을 잡고 이발소에 가서 빨래판같이 생긴 널빤지에 돋우어 앉아 상고머리를 깎던 아스라한 기억. 또 언제였던가. 추석 때, 공무 후에 기차를 타고 큰댁이 있는 신갈역에 도착하면 어스름이 깊은 밤에 이른다. 그때만 해도 나무숲이 우거져 꼭 짐승이 나올 것만 같았다. 아버지는 초입에서 막대기 두 개를 만들어 나에게 작은 것을 쥐여 주시곤 "우리 호랑이 나오면 때려잡자."고 하셨는데….

축배 후에 식사가 시작되고 어느새 사회자가 여흥 진행 연예인으로 바뀌어 여흥의 흥을 돋우고 있다. 초청 가수의 노래를 시작으로 분위기에 걸맞게 만담가가 만담으로 온 하객을 휘어잡고 있다. 연이어 자청으로 노래하는 이, 춤을 추는 이, 노래하는 사람들은 저마다 마이크를 놓지 않으려 한다. 그러나 무엇보다도 하이라이트는 늠름하게 큰 사랑하는 손주 등에 업혀 말 타기를 하시는 아버지의 모습이다.

문득 그 손주가 아주 어렸을 때 아버지가 하시던 말씀이 기억난다.

"너희들은 이미 다 장성했지만 나는 이 애만큼은 티 없이 기르고 싶다."

어느 자식, 어느 손주가 아버지께 귀하지 않았으리요. 마는 아버지와 함께 살며 아버지 노년의 삶을 많은 기쁨으로 풍요롭게 한 그 손주를 더 애틋해하셨다. 때때로 아버지 등에 업혀 자랐던 그 손주가 이제는 건장한 청년이 되어 오히려 할아버지께 말이 되어 드린다. 아버지는 파안대소하시고 하객들은 손뼉을 치며 환호한다. 참 아름다운 풍경이다.

우리는 아버지가 하시는 기도를 좋아한다. 아침 식탁에 둘러앉았을 때 아버지께 기도해 주시기를 청하면 조금은 부끄러운 내색을 하시면서도 기쁘게 해 주신다.

"오 하나님 아버지시여 새날을 주시고 또 이렇게 좋은 음식을 주시니 감사합니다. 잘 먹겠습니다. 오늘도 우리 집안 우리 식구들에게 은총을 베풀어 주시사 모두가 건강하고, 씩씩하고, 아름답게 그리고 각자가 하는 일이 성공적으로 수행되게 하여 주시옵고 그 결과가 빛나게 하여 주시옵소서 또 호주에 있는 내 혈속, 미국에 있는 내 혈속에게도 같은 은혜를 베풀어 주셔서 모두가 건강하고 아름답게 그리고 각자가 하고 있는 일이 성공적으로 수행되게 해 주시옵고 그 결과가 빛나게 해 주시옵소서. 그리고 오늘도 세계의 평화를 주시어서 모두가 이웃 형제와 같이 서로 사랑하고 화목하게 하여 주시옵소서. 이 모든 말씀을 하나님 예수 그리스도의 이름으로 기도합니다. 아멘."

도무지 뺄 곳도 더할 곳도 없는 우리들을 위한 아버지의 간절한 기도로 인하여 오늘 우리가 있는 것이 아닌가.

한껏 무르익었던 여흥의 순서도 끝나가고 있다.

아버지께 감사하고 또 연회에 오셔서 축하해 주신 하객 여러분께 감사하는 마음으로 우리 자녀손들이 「어버이 은혜」 합창하므로 아버지 백수연을 마무리했다.

돌아오는 차 안에서도 아버지의 아름다운 백수연으로 보낸 오늘 하루의 흥분된 감흥이 좀처럼 가시지 않는다.

지난해 말 열 시간의 비행기를 타시고 호주에 오셨던 아버지, 청력의 불편함을 빼고는 또렷하신 총기와 정정하신 모습은 우리들의 과보호를 오히려 언짢아하신다. 성근 베주머니 속 보듯 자식들의 주머니 사정도 훤히 보고 계시는 아버지께 우리들은 영원한 아이들이다. 아직도 며느리에게 문단속 불 단속을 채근하시고 개밥 주는 것까지 챙기신다. 아직도 집 앞 '매봉산'을 일주일에 두어 번 오르시고 5년짜리 적금을 서슴없이 드시는 우리 아버지. 지난봄 어느 날인가 베란다에 앉으셔서 파아란 하늘을 무료히 보시면서 오랜 옛날 일본의 유명한 사람이 썼다는 아버지가 애송하는 시 한 편을 낭송해 주신다.

물은 비, 우박, 눈, 서리가 되어
위에서 내리지만
녹으면 물이 되어 계곡으로 돌아가고
사람도
장관, 백성, 상인, 서민으로 구별되어 살아가지만
죽으면 한 줌의 흙으로밖에
될 수 없는 것을.

읊조리시더니 "인생이란 그런거여, 허허" 하신다.
우리들의 일생이란 얼마나 짧은가.

아버지의 100년 속에 나와 내 형제들이 함께 있었다는 것 또 언제까지 일는지 모르지만, 우리가 아직도 이 세상에 함께 있다는 것 이것은 하나님께서 베푸신 은총인 것이다.

불굴의 의지로 1세기를 거처 '인간 승리'를 이룩하신 아버지께 남은여생 잔잔한 기쁨 속에 살아가시기를 기도하며 마음속 깊이 경하를 올린다.

Kyung 13

하얀 학이 되어

하얀 학이 되어
육 남매의 전송을 받으시며
홀연히 떠나가신
우리들의 아버지

질곡의 험산 준령과
휘몰아치는 파고를 가르며
살아오신
일백 성상

당신의 근심 속에
우리가 있었습니다
당산의 기쁨 속에
우리가 있었습니다

민들레 꽃 당신을 비롯한
여섯 개의 홀씨
또 그 홀씨가 꽃에 꽃을 피워
서른 개의 오롯한 홀씨 되어
창공을 날고 있습니다

당신은 매일 매일
우리들을 위해서 이렇게
기도하셨습니다
“영과 육이 강건하여라
당당함과 성실로 씩씩하여라
조화와 배려로 아름다워라”

아버지
우리들을 하나님이 창조하신

이 땅에 낳아 주시고
하나님의 자녀로 살게 하시니
감사합니다
또
아버지의 자녀로
태어나게 해 주셔서
감사드립니다

이제 우리는 흔하게 부르던
'아버지'라는 말을
더이상 부를 수 없습니다
백 세가 되신 당신을
'가문의 보물'로
웃으며 자랑하던 입술도
닫아야 합니다

당신의 염려 속에 살던
당신의 아이들은 이제
어설픈 어른이 되어야 합니다

아버지 사랑합니다
아버지 존경합니다

아버지
이제 세상의 짐을 벗으셨으니
하나님 나라에서 안식하십시오
그래서
그 어느 날엔가
기쁨으로 뵙게 되기를 소망합니다.

꽃집 그 후

19년 동안 일터였던 꽃집을 정리한 후 허전함도 있었지만, 그보다 새로운 도전을 할 수 있다는 자유는 나를 들뜨게 했다.

TAFE Floristry의 문에 선뜻 들어섰다. 그동안 꽃 계의 새로운 풍조 'Morden'에 대한 궁금증을 풀기 위해서였다. 기존의 꽃꽂이 형태를 벗어나 꽃을 소재로 하여 다양한 형태의 창작물은 신선하고 매력 있는 꽃 예술이다.

이력과 경력을 소상히 설명했음에도 돌아온 대답은 처음부터 다시 시작하라는 냉정한 말뿐이었다. 망설임이 있었지만 해 보기로 결심하고 나니 학생이 된다는 새로운 희열과

Kyung 12

두려움이 나를 설레게 했다.

화창한 봄날이지만, 지나간 학창시절에 있었던 라일락 향내를 실은 미풍도, 목련꽃 떨어지는 소리도, 풋풋하고 낭랑했던 친구들의 말소리 웃음소리는 없다. 그저 푸르른 하늘은 그때나 지금이나 여전히 흰 구름으로 그림을 그리며 유유히 흘러가고 있다.

20대 안팎의 20여 명 되는 어린 학생들 속에서 턱없이 부족한 영어로 실기하며 시험 보며 날짜 맞추어 숙제까지 해내면서 힘겹고 고달픈 나날이 지나가고 있다.

지금도 때때로 그 옛날 시험 보는 꿈을 꾼다. 계단강의실에서 답안지를 놓고 암담하게 앉아 있는 꿈을 꾼다. 최선을 다해 잘해 보리라 그래서 답안지를 만족스럽게 쓰는 꿈을 꾸리라. 고풍스러운 건물의 카펫 깔린 계단을 밟으며 나와의 약속을 다짐해 본다.

시험시간은 언제나처럼 나를 긴장하게 한다. 어려운 시험이 왔다. 80개의 짧지 않은 꽃 이름을 데글데글 하게 외워야 한다. 40개의 보통 부르는 꽃 이름과 식물학자도 아닌데 40개의 학명을 연결 방식으로 오자 없이 외워서 써야 한다. 시험 방식이 낯설어서 한 개가 틀리면 서너 개가 틀려 버릴 가능성이 많다. 기껏 외워 넣고 다시 볼라치면 그런 단어가

어데 있었느냐 싶게 생소하다. 저녁준비를 포기하고 며느리를 불렀다.

"얘, 내가 내일 시험인데 도저히 안 되겠어. 이 식 재료 네가 가져가야겠다."

머릿속에 불을 켜고 있는 지식을 총동원하여 외워 보았지만 두 개의 연결고리가 도저히 엮이지 않는 몇 개의 꽃 이름은 어찌해 볼 도리가 없다. 학명의 첫머리만 연결되어도 어떻게 해볼 터인데…. 시계는 새벽 2시를 가리키고 있다.

이른 아침 며느리가 뜨거운 국을 들고 환하게 웃으며 들어온다.

"어머니 시험 공부 많이 하셨어요?"

"얘, 말 시키지 말아 삐져나오려고 한다."

밤 내내 굳어진 머리를 흔들어서 헤집고 겨우 넣어 놓았는데, 기발한 방법으로 연결고리를 겨우 붙들어 매어 놓았는데 그것을 며느리가 알 턱이 없지.

보통 이름	학명
Gymea Lily	Doryanthes Excelsa
'김 매라'	'돌아다니지 말고'
Geralton Wax	Chamelaucium Uneinatum
'지랄하네'	'참으라우'

앞 머리를 조금 숙이기만 해도 쏟아질 것 같다. 뒷목이 뻣뻣하다. 며느리는 종일 웃음이 나와 킥킥거렸다고 한다.

3학년이 되어서 시작된 Advance Course는 힘든 속에서도 창작의 기쁨을 한껏 누릴 수 있었다. 그날 명제에 따라 꽃을 준비하고, 구상을 하고, 그림으로 그려보고, 때로는 나무와 철사로 조형물도 만들고 하여 6시간의 창작의 과정을 통하여 힘들게 낳은 작품들. 학생들 각자 나름대로 제목을 표현한 진지한 이유가 서려 있다.

산과 들을 옮겨 놓기도 하고(Land Scape or Botanical Design)
보리밭의 바람소리(Parallel System)
꽃 무지개(Arch Design)
한가한 포구 조개들의 밀어(Sea Scape)
꽃구름이 이는 폭포소리
(Downward flowing Design or Streaming Bouquet)
나팔수의 나팔소리(Cornucopia)
켜켜이 쌓인 꽃 시루떡(Layered Design)
오롯이 피어 있는 극락조의 무리(Strelitzia Design)

무엇보다 아름다운 꽃을 소재로 한 창작품이기에 더욱 아름답지 않을까?

드디어 졸업시험의 주제가 나왔다.

「The New Beginnings」

모든 시작은 아름답다. 모든 시작은 미완성이기에 설렘이 있다. 이 아름다운 시작을 무엇으로 어떻게 표현해야 하나?

우리가 해야 할 일은 벗은 마네킹에 생화로 새로운 시작이라는 주제를 표현해야 한다. 전시회 날짜까지는 2달여 있다. 그동안 구상하고 계획하고 그 모든 진행 과정을 꼼꼼히 기록해야 한다. 필요한 준비는 미리 할 수 있으나 가장 중요한 생화의 표현 장식은 전시회 당일 전시장에서 오후 5시부터 2시간 안에 마무리해야 한다.

나는 무엇으로 시작이라는 주제를 표현할까? 계절의 시작, 아름다운 봄, 봄 처녀 「Spring Maiden」를 주제로 잡았다.

봄 처녀 제 오시네 새 풀 옷을 입으셨네
하얀 구름 너울 쓰고 진주 이슬 신으셨네
꽃다발 가슴에 안고 뉘를 찾아오시는고

이은상 작사 홍난파 작곡의 「봄 처녀」…. 그래 이거야…. 꽃으로 차려 입은 눈부신 봄 처녀가 보인다. 무거운 겨울 흙을 들춰내고 싹을 틔우며 나오는 봄풀들. 산과 들을 수놓은

봄꽃. 갑사 옷을 입은 수양버들. 영롱하게 빛나는 아침 이슬. 나른한 봄바람. 봄비 소리, 대지에 가득한 봄 냄새, 살아 있으므로 봄을 다시 만난다는 것, 그래서 봄을 찬양한 노래를 다시 듣고 봄의 시를 읊조리며 봄의 정취에 한껏 빠져들 수 있다는 것이 얼마나 큰 축복인가! 제목이 정해지자 내 나라 봄의 환영이 난무한다.

황금빛 대지를 마네킹 몸에 입히리라. 그 대지 위에 화려하게 단장한 '봄 처녀'를 세워 보리라. 진주 이슬로 감겨 주리라. 그날부터 황금빛 대지를 입히기 위해서 황금색 가는 철사로 망을 뜨기 시작했다. 손가락이 부르트고 물집을 만들어 가며 봄의 향연에 취해서 끊임없이 대지를 엮어 나갔다.

전시회 당일.

대지로 엮어 만든 머리에 쓸 Bonnet에는 꽃 너울을 쓰듯 꽃과 진주로 장식하고 진주 끈을 물 흐르듯 흘러내리게 했다. 꽃 장식은 어깨로부터 허리를 휘돌아 뒷자락에서 만발했다. 봄꽃들은 여러 색을 섞어 놓아도 눈에 거스르지 않는다. 오히려 여러 색이 뒤섞인 조밀조밀한 꽃무리에게서는 속살속살 봄 노래가 들려온다.

봄 처녀의 팔에는 '봄'이라는 풍성한 꽃다발이 들리어져 있다. 폭포의 물줄기가 햇빛을 받아 물보라를 흩날리며 쏟아지듯 투명한 구슬로 줄을 엮어 크고 작은 꽃들 사이로 드리우고 가늘고 긴 풀잎으로는 봄바람이 일듯 서로 엉기어 꽃줄기를 따라 내려오게 했다. 발 언저리에는 싱그러운 새 풀과 덩굴과 크리스털을 섞어 풀 둘레를 만들어 서 있는 모습이 마치 풀숲에 맺힌 이슬을 밟고 서 있듯 청초했다.

마감 시간을 끝내고 저마다의 최선을 다한 창작품을 보며 주제에 걸맞은 '시작의 아름다움'을 감상할 수 있었다, 뿐만 아니라 서로가 서로에게 칭찬과 격려를 아끼지 않았다.

번데기를 막 벗어나며 비상하기 위하여 화려한 날개를 펴는 Jeff의 'Metamorphosis'를 비롯하여 어두움을 주제로한 Yumi의 'Sunset' '결혼식' '새해 첫날' 등등. 특히 매주 Brisbane에서 비행기로 날아와 강의에 참석했던 Kerry의 작품 'Dubut at the Moulin Rouge'는 그 열의만큼이나 감탄스러웠다.

이제 모두 끝났다. 그동안 팽팽했던 긴장의 끈이 풀어진 듯 피곤과 허기가 한꺼번에 몰려온다. 이제 저녁 늦게 있을 까다로운 심사위원들의 몫이 남아 있다. 내일 아침이면 점수가 담긴 하얀 봉투가 저마다의 작품 앞에 놓여 있겠지….

당신의 숭고한 희생을 잊지 않겠습니다

- Lest we forget

해마다 4월 25일, Anzac Day를 맞이할 무렵이면 가벼운 흥분에 휩싸인다. 군인 가족이었었기에 오는 느낌일까. 처음에는 우리나라의 현충일과 국군의 날의 혼합된 행사로 보아왔지만 해가 거듭될수록 그 의미는 새롭게, 크게, 무겁게 감동적으로 담아져 온다.

Anzac Day 행사는 동트기 전 각 지역 충혼탑에서 Bagpiper의 연주로부터 시작된다.

이는 호주와 뉴질랜드 연합군이 1차 대전 때인 1915년 4월 25일 이른 새벽 갈리폴리 상륙작전의 시간적 의미이다. 시드니 행사는 새벽 4시 30분 Martin Place에 있는 Cenotaph

노병들의 당당한 행진

전몰장병 기념비에서 거행되는 추모식을 시작으로 하여 9시 경부터는 시가행진으로 이어진다.

노병들의 행진은 당당하다. 해가 거듭되므로 그 숫자는 점점 줄어드나 애환을 함께 했던 부대의 낡은 깃발을 앞세우고 불편한 몸으로 더러는 무개차에 더러는 휠체어에 의지하여 행진하지만, 가슴에 가득히 달린 훈장은 그들을 아직도 빛나게 한다. 뿐만 아니라 사위어가는 힘을 살리어 허리를 세우고 늠름히 걷는 그들에게서는 자신들이 스스로를 존귀하게 여기는 기개 찬 모습이 보여 감동스럽다. 그것은 그분들의 가장 젊은 날의 용맹스러운 발걸음이 참담한 전장의 험난한 구릉을 넘어왔으므로 얻을 수 있는 고귀한 상급인

것이다.

행진은 계속되고 있다. 손주에게 훈장을 달아주고 자랑스럽게 함께 걷는 노병, 아버지의 사진을 들고 행진하는 딸의 모습, 유품인 장화와 총을 싣고 행진하는 말. 저들의 젊은 발걸음이 우리나라의 산야도 누볐겠구나. 때로 드물게 만나는 그분들 입에서 '가평'이라는 정확한 지명을 들으며 치열했던 '가평전투'의 기억이 아직도 그분들에게 생생하게 자리하고 있음을 느껴본다.

연도에는 손마다 호주 국기를 든 남녀노소의 많은 사람들이 깃발을 흔들며 환호와 박수로 답례를 한다.

마틴 플레이스 전몰 장병 기념비 앞을 행진하는 노병들

"당신 들은 고귀한 분들입니다. 영웅이십니다. 당신들이 그때 그곳에 계셨기에 오늘 우리가 자유와 평화를 누리고 있습니다. 감사합니다."

깃발의 나부끼는 소리는 이렇게 말하는 것 같다

Anzac Day 즈음해서 내가 나가는 호주 교회에서는 기념 예배를 엄숙하게 드린다. Ode - Last post - Silence - Rouse. Last post 나팔 취주를 들을 때마다 노을 진 들녘 벌판의 황량한 정경이 펼쳐진다. 검붉은색 야생 양귀비가 사랑하던 전우의 피인 듯 꽃인 듯 흩뿌려져 있는 벨기에 플랑드르의 적막한 언덕, 노을은 어찌 저리도 붉게 물들어 있을까? 격전 후의 처참하고 참담한 모습, 얼마나 치열했으면 하루 휴전을 하고 숨진 병사들을 매장하기로 했을까.

Ode 송시가 낭송될 때는 모윤숙 님의 「국군은 죽어서 말한다」 시가 연상되며 내 나라 산야를 누비는 군화의 발소리를 듣는다. 눈물이 핑 돈다.

국군은 죽어서 말한다

산 옆 외 따른 골짜기에
혼자 누워 있는 국군을 본다
아무 말 아무 움직임 없이
하늘을 향해 눈을 감은 국군을 본다.

누른 유니폼 햇빛에 반짝이는 어깨의 표시
그대는 자랑스러운 대한민국의 소위였구나
가슴에선 아직 더운 피가 뿜어 나온다

장미 냄새보다 더 짙은 피의 향기여!
엎드려 그 젊은 주검을 통곡하며
나는 듣느라! 그대가 주고 간 마지막 말을…. (중략)

이보다 앞서 1주일 전 토요일에는 Martin Place에 있는 전몰장병 기념비에서는 헌화식이 먼저 거행된다. Anzac Day에 헌화하는 대표적인 화환(chaplets, wreath)은 물방울 모양이다. 이것은 눈물이나 핏방울을 상징한다. 표면은 승리를 상징하는 월계수(Laurel leaves) 잎으로 푸르게 감싸고 아랫부분에는 꽃술이 검은, 그래서 검게 보이는 검붉은색 양귀비(Poppy) 세 송이를 장식하는데 양귀비 세 송이는 해군, 공군, 육군을 의미한다.

안작데이에 마틴 플레이스 전몰 장병 기념비 앞에 시민들이 헌화한 화환들이 가득하다

붉은 양귀비는 위로, 위안의 뜻이 내포되지만, 그보다 Flander 언덕에 피처럼 흩어져 피어 있던 야생 양귀비꽃의 기억이 더 큰 상징이다. 꽃 사이사이에 추모의 뜻을 가진 로즈메리를 꽂고 호주 국기 색깔인 Red, White, Blue로 리본을 만들어 장식한다. 거기에 애도와 존경의 뜻이 포함된 짙은 보라색 리본에 금색 활자로 찍힌 “LEST WE FORGET”(당신들의 숭고한 희생을 잊지 않겠습니다) 리본을 왼쪽 위에서 사선으로 오른쪽 아래로 고정시켜 마무리한다.

해마다 돌아오는 4월 25일. 호주의 Anzac Day. 오늘도 우리나라를 생각한다. 그리고 얼마 전에 읽었던 책 중 한 대목의 의미를 다시금 되새겨 본다.

…이들에게 현재의 우리 국력에 걸맞은 보상과 따듯한 원호가 있어야 한다. 무엇보다도 우리 후세들에게 선조들의 희생과 헌신 공훈이 제대로 전달되어야 하며 그리하여 우리 후세들의 애국 충성이 대를 이어 가야 한다. 우리의 조국 대한민국의 영원무궁한 번영을 위해서.

채명신 회고록『베트남 전쟁과 나』에필로그 중에서

사진제공 : **권순형**(크리스챤리뷰 발행인)

"LEST WE FORGET" 헌화식에 참여한 필자 부부와 손자

Kyung 19

일 년 손님

"그래서 어떻게 했니?"

"다 굶었지요."

"온 식구가?"

"예…."

송이에게는 탐나게 잘 큰 9살의 준이와 7살의 룡이 두 아들이 있다. 두 아들의 건강에 세심하게 정성을 쏟는 송이의 음식 솜씨는 탓할 바 없을 만큼 훌륭했다. 그런데 느닷없이 준이가 음식 투정을 한다는 것이다. 몇 번을 달래였을까. 드디어 송이와 남편은 온 식구가 하루 굶기로 작정한 것이다. 배고픔을 체험함으로써 음식물의 소중함과 필요함을 알게 할 뿐 아니라 감사함으로 음식물을 대하여야 한다는 이유를 알게 한 것이다. 더욱이 준이는 자신 때문에 동생인 룡이까지도 물만 먹으며 하루를 지내야 하는 고통을 크게 미안하게 생각했으리라. 빈곤의 세대를 지나온 부부도 아닌데 아들의 버릇을 고치기 위하여 열 마디, 스무 마디 말 대신 몸으로 보여준 그 결단이 박수 치고 싶을 만큼 장해 보였다.

나도 드물지만 굶으면서 음식물에 대한 여유를 가져본다. 바쁜 생활 속에서 삶을 이어가기 위하여 때가 닥치면 허겁지겁 먹고 마시지만, 가끔 굶어보며 음식에 대한 감사와 저마다 독특하게 갖고 있는 깊은 맛과 향취를 음미하며 새로운 포만감을 느껴본다.

그 기억은 지금도 나를 각성케 한다.

1.4 후퇴의 긴 피란 행렬. 그리고 별빛이 쏟아져 내리던 그 겨울 밤하늘. 내 키만하다고 생각되는 이불 봇짐을 지고 행렬에 끼어 한 걸음, 한 걸음 옮기던 그날. 겨울바람은 살을 에이듯 차가 왔고 얼음물에 젖어 얼어버린 발은 의식적으로 옮겨 놓을 뿐 감각이 없었다. 머리 위 끝없이 펼쳐진 밤하늘에는 영롱한 별빛이 평화로이 빛나고 있었다. 저 별들은 지금 다른 나라에도 비치고 있겠지. 지금 어딘가 다른 나라 아이들은 더운 음식을 먹고 따듯한 잠자리에서 단잠을

자고 있겠지. 추위와 허기는 표현 못할 슬픔으로 변하여 별빛을 보며 참았던 눈물을 소리 죽이며 울고 말았다. 그 후 거치른 음식을 먹으며 보냈던 피란 생활의 기억은 음식을 소중히, 감사함으로 대하게 하는 크나큰 가르침이 되었다.

허술하게 대하는 쌀알 하나가 밥이 되어 식탁에 오르기까지는 일 년이라는 세월이 걸린다. 한 알의 사과가 내 손 안에 들어오기까지 얼마나 긴 여정을 거쳐 왔을까? 가을걷이가 끝난 후 새봄에 사과 꽃을 피우기 위하여 혹독한 겨울을 감내하고 아름다운 사과 꽃을 피운 후 열매가 맺어 익어질 때까지 긴긴 장마와 폭염을 굳건히 버텨야 하지 않았던가. 또한 그 많고 많은 사과들의 뒤섞임 속에서 오로지 나를 위하여 먼 길에 여러 손을 거치면서 지금 내 앞에 와 있는 반가운 '일 년 손님'이 사과…. 이 특별한 선택, 그것은 감격이다. 또 수박을 먹으면서 항상 신비한 생각을 한다. 생물학적 생성 과정을 제쳐놓고서 그 어찌 연약한 줄기를 통해서 그 많은 물을 공급하여 단물이 되게 할 수 있을까. 마치 가녀린 엄마로부터 풍성한 유즙을 받아 튼실하게 커가는 아기를 보듯이 대견스럽다.

Flemington Market의 토요 시장은 일반에게 공개되는 크나큰 농산물 소매 시장이다. 청과물과 채소가 한데 어우러져

계절이 변하는 대로 제철의 새 모습을 드러내곤 한다. 귤은 귤의 모양으로, 포도는 포도의 모양으로, 배추는 배추의 모양으로 쌓여 있다. 때로는 품질 개량으로 더 보암직하고 더 먹음직하게 나오고 온실 재배로 제철을 뛰어넘는 과실과 채소로 우리를 혼돈스럽게 하기도 하지만 본질의 변형은 철저히 거부한 정직한 모양으로 우리를 맞이한다. 이 정직함과 이 질서는 우리를 얼마나 안심하게 하는가? 유구한 세월을 지나는 동안 우리의 살과 뼈를 형성하며 나의 조상을 있게 하였고, 오늘 내가 있으며 또 내 후대를 이어줄 것이다.

슈퍼마켓에 산더미처럼 쌓여 있는 식품들은 풍요를 누리는 기쁨도 있지만 때로는 부담감을 갖게도 한다. 유통기한 지난 식품들은 어디로 갈까? 온통 빈틈없이 쌓여 있는 물건들. 풍요 속에 길들여진 우리의 아이들에게 빈곤의 처절함을 무엇으로 알게 할 것인가.

어렸을 적 어른들이 떨어진 낱알을 주우며 끔찍이 여겼던 것은 버려짐의 아까움도 있거니와 그보다 그 한 알이 조성되어 오기까지 일 년이라는 땀의 수고가 더 귀하고 소중함에 있었으리라. 그것은 곧 우리들의 생명일 터이니까.

사랑나무

나에게 처음 사랑이란…?

갓 태어난 아기에게 젖을 먹이며 지순히 바라보는 아기와의 눈맞춤에서 시작된다. 그때 사랑나무 한 그루가 아기의 동공 속에 심겨진다. 동공 속에 심겨진 사랑나무는 꽃을 보며, 나비를 보며, 무지개를 보며, 아침 햇살에 눈부시게 빛나는 영롱한 이슬을 보며, 지저귀는 새소리, 빗소리, 눈 오는 소리를 들으며 가슴에서 커 간다. 그리고 사랑나무는 그리움을 먹고 튼실해진다.

점점 커, 어느 날 매몰찬 사랑의 꽃비, 꽃바람을 맞으며 심한 마음 감기를 앓는다. 그리고 새로운 세상이 열린다. 아름다운 세상이 보인다.

아무리 애써 보아도 다함이 없고 완전함이 없는 이 세상에서 사랑은 주면서 받으면서 충만함을 갖게 한다. 또 세상을 다 가진 듯한 만열을 주기도 한다.

그러나 살을 에이듯 고통스러운 사랑의 아픔과 슬픔 또한 사랑나무의 숙명이리라.

그러므로 나이가 60, 이순 즈음에야 사랑나무 열매는 영글어지기 시작한다. 열매마다 이야기가 있다. 인내로 얻어진 열매, 좌절에서 얻어진 열매, 미움과 배반에서 얻어진 열매 그러나 기쁨과 감사의 열매가 더 많다. 열매 하나 하나에 담긴 이야기를 되돌아보면 그때 가졌던 기쁨은 배나 되어 지금도 미소 짓게 하고 가슴이 뜯기듯 아팠던 미움 또한 잔잔한 연민으로 남는다.

가을 뙤약볕에 오곡백과가 무르익듯 사랑 열매는 노년에 이르러 더욱 익어 간다. 노욕의 굴레에서 벗어나서 아집과 편견을 버리면 배려와 덕담의 훈훈한 향기가 날리고 마침내 그 사랑의 향기는 미움을 깊이 잠재울 것이다. 그래서 그 사랑 열매는 보는 이가 기뻐할 만큼 빛날 것이다.

누구나 이 세상을 떠나는 그날

가꾸어 온 사랑나무 한 그루를 소중히 떠안고 낙원으로

떠나는 것이 아니겠는가?

그러므로 사랑나무의 열매가 향기롭게 빛나고 또 가지마다 풍성하면 얼마나 좋을까?

9월 하늘

어느 늙은 석공이
기도처럼 다듬은
푸른 돌이란다
그러기에
저리도 투명치 않니?
뚝 떼다 굴리면
데구루루 소리라도 나련만

난
오색이 화려한
금붕어 한 마리를
9월의 하늘 속으로
얌전스레 놓아주겠다

그러면

부채 같은 꼬리가

얼마나 시원하겠니?

3

나는 정말 왜 그럴까

나는 정말 왜 그럴까

며느리가 조금은 근심스러운 얼굴을 하고 말문을 연다.

"글쎄 10살 넘은 아이가 어떻게 그런 생각을 해요? 모처럼 시간이 있기에 flower power에 꽃구경하려고 가는 길이었어요. 날씨가 뜨겁고 더워 모자를 쓰라고 했더니 모자에 달린 꽃이 너무나 진짜 같아서 벌이 꽃인 줄 알고 올 거라고 벌이 오면 자기를 쏠 테고 쏘이면 아플 터이니 안 쓰고 종일 돌아다녔어요."

답답하고 안타깝게 하소연을 한다. 나는 슬며시 웃음이 나왔다.

"그만두어라, 그 애가 친할머니 닮았나 보다."

이런 것을 내력이라고 하는 것인가? 문득 내 어렸을 적 생각에 머무른다. 다섯 살 무렵이었던가? 장난감이라고는 일본 군함을 만들 수 있는 접목과 바퀴 달린 나무 토끼, '빼빼'라는 이름을 가진 인형이 있었던 기억이 있다. 밤이면 공습경보가 자주 울렸고 그때마다 전등의 갓을 내려 방안을 어둡게 했다. 어른들 입에서는 전쟁, B29 공습, 대포라는 말이 오가며 그럴 때마다 나는 알 수 없는 공포에 휩싸이곤 했다.

그 무렵 내가 절대로 가기 싫어하는 두 곳이 있었다. 소방서와 왕대포집 앞이다. 안팎이 온통 빨간색으로 칠해진 소방서와 집채만큼 큰 빨간색의 소방차. 혹시라도 그 앞을 지나가려면 가슴부터 뛰기 시작한다. 그 앞에 이르러서는 두 눈을 꼭 감고 양손 검지로는 귀를 막고 숨을 정지시키고 한걸음에 뛰어 지나간다. 그것은 나에게 두려운 고통이다. 또 하나 왕대포 술집 앞이다. 언문을 깨쳐 글자를 조합시켜 그 의미를 겨우 알아내던 그 시절 '왕대포'란 나에게 큰 공포의 글자였다. '왕'이란 '크다'의 개념으로 부각되었던 나에게 '대포'도 무서운데 '왕대포'란 얼마나 무서운 것인가. 실체를 보지 못했던 나는 상상의 왕대포가 그 집 안에 있을 것이란 생각에 그 집 앞을 지날 때면 신을 벗어 들고 숨죽이며 지나쳤던 그 기억. 조금 커서 내가 즐겨 읽었던 동화는 『알리

Kyung 21

바바와 40명의 도적』이다. 그중에서도 알리바바가 돌문 앞에서 "열려라, 참깨" 하면 돌문이 스르르 열리는 대목을 참 좋아했다. 손도 안 댔는데 스르르 열리는 돌문. 이 얼마나 신나는 장면인가. 그 장면은 때때로 지금도 나를 신나게 한다. 엘리베이터 앞에 설 때마다 알리바바가 되어 "열려라, 참깨"를 명령하고 있으니까.

그런데… 나는 정말 왜 그럴까? 순발력의 문제인가? 재치가 없는 것인가? 아니면 내 감성의 어느 부분이 유치한 유년기에서 성장이 멈추어 있는 것일까? 오래전 무심히 음식점 앞을 지나치는데 '산낙지'라는 간판이 눈에 들어온다. 순간 산에서도 낙지가 나나? 아니지, 살아 있는 낙지라는 뜻의 '산 낙지'구나. 또 맥주 집 앞을 지날 때 맥주 컵에 맥주 거품을 일구며 '생맥주'라는 요란한 선전을 보며 맥주는 익은 것도 있고 날것도 있나 보다.

얼마 전 일이었다. 모임에서 느닷없이 '그분'에 대한 얘기가 나오며 "그렇다니까 그분이 손금을 본대" 저마다 한마디씩 하는 게 아닌가. 그분이라면 믿음이 좋고 덕망이 커서 모두가 닮고 싶어 하는 분인데 뜬금없이 웬 손금을 본단 말인가? 영문을 몰라 어리둥절해 있는 나를 보며 모두들 키득거리며 웃는다. 하긴 '섰다'라는 화투놀이를 서서 하는 화투놀이인 줄 알고 있었던 나에게 '손금 보는 것이' 화투놀이인 줄 어찌 알았으랴.

그래도 때때로 나는 잠깐 동안 자기 최면의 즐거움을 맛본다. 아주 더운 여름, 문밖을 나서면 열풍 같은 뜨거움이 온몸을 휘감는다. 순간 "아, 정말 난방이 잘되었네. 얼마나 추운 날씨인데." 또 추운 날씨의 겨울은 어떤가. 문밖을 나서며 뺨을 통하여 살 속으로 들어오는 한기는 "아유 냉방이 기분 좋게 잘 되었잖아" 그 추위에도 가슴을 탁 펴며 느껴보는 그 기분이란!

석 달에 한 번 하는 머리 파마는 나를 아주 힘들게 한다. 머리밑이 약해서 조금만 당겨도 아프다. 이쪽으로 저쪽으로 꺼들리며 두세 시간 동안 견뎌내야 하니…. 자기 최면에 발동을 건다. "나는 지금 공주가 되는 거야" 사실 다른 사람이 내 머리를 감겨 주고 손질해주는 것은 얼마나 기분 좋은 일인가? 미용실에서 주는 앞치마를 두르고 편안한 자세로 앉아 두 눈을 감는다. "지금 나는 궁궐에 앉아 여러 사람들의 시중을 받고 있는 거야." 어느새 고통은 사라지고 나긋한 간지러움에 기분마저 좋아진다.

한참 젊었을 때 아파트 5층에서 산 적이 있다. 전망은 좋았지만, 매번 엘리베이터 없이 5층을 오르락 하기에는 숨이

찼다. 더욱이 양손에 짐이라도 들려 있는 날에는… 계단 앞에서 큰 숨을 한 번 내 쉬고는 최면을 건다. '나는 지금 3층 Royal층에 사는 거야.' 우선 3층까지 기분 좋게 올라간다. '우리집은 2층이잖아' 그로부터 2층까지는 단숨에 올라갈 수 있다.

때로 길을 걷다 무료해질 때가 있다. 그때 내가 즐겨하는 놀이가 있다. '외계인 놀이'다. 영화 E.T에서 가상적인 생명체 E.T를 보면서 그 모습이 생소하고 괴물스러웠다. 그런데 내가 다른 행성에서 온 E.T가 되어 지구인들을 보는 놀이다. 외계인 눈으로 본 지구인들. 사람의 생김새부터가 전력 새롭게 보인다. 머리라는 부분에서 절반은 머리카락으로, 그 절반에 눈, 코, 입, 귀가 있어서 앞만 보고 갈 수밖에 없는 지구인들. 태어남과 죽음이 있고 무엇이든지 유한하기 때문에 영원이라는 말이 있는 세상, 남자와 여자, 아이와 어른, 노인이 있는 곳, 애 · 증 · 고 · 락이 있는 곳 인간이 만들어 놓은 제도와 관계 속을 태어나면서부터 길들여지며 살아가는 사람들.

태초에 하나님이 인간에게만 부여한 인성 가운데 지성은 자유의지와 맞물려 욕망을 추구하고 그 욕망은 오늘날의 안락한 고도의 물질문명에 이르게 하였지만, 에덴동산의 그 지고지순한 만족감, 행복감, 다함없는 충족감을 잃어가고 그로부터 더 멀어져 가는 지구인들…. ET의 눈으로 보면 욕심도, 욕망도, 질투도 하찮게 보이는 것을… 가졌다 함도, 가지지 못했다 함도, 부질없는 것을… 하루 속에 낮과 밤이 있고 해가 뜨고 해가 지는 곳. 땅으로부터 솟아나 서 있는 나무, 나무를 스쳐가며 흔들림을 주는 바람, 물이라는 생명체, 보이지 않지만 대기에 가득찬 공기, 하늘과 구름, 사람들의 말하는 말소리, 웃는 모습, 소음 건물들, 질주하는 차들… 이상한 나라에서 온 엘리스처럼, 소인왕국에서 온 거인처럼 새롭게 볼수록 새롭고 재미있다.

문득 며느리가 한 말이 뇌리에서 맴돈다. 모자에 달린 만들어진 꽃이 얼마나 예쁘기에 아이의 마음에서 의심이라는 단어를 거침없이 몰아냈을까? 정말 할머니인 나를 닮은 구석이 있어서일까? 참 나를 닮은 큰딸아이의 어렸을 적 일이 생각난다. 초등학교 입학 후의 일인가. 아이가 학교에서 돌아온 후에도 모처럼 모인 내 친구들은 예외 없이 사는 이야기, 먹는 이야기에 수다가 끊이질 않았다. 친구들이 모두 가버린 후 아이는 겁에 질린 얼굴로 다가와 내 얼굴을 본다. "엄마. 도깨비시장에는 도깨비들이 우글우글해?" 이를 어떻게 설명해야 하나.

며칠 전이었다. 초등학교에 다니는 손자가 당황스러운 질문을 한다.

"할머니. '허니문' 어떻게 가는 거야? 가고 싶은데…"

"허니문은 어른이 된 후에 사랑하는 사람을 만나서 결혼한 다음에 가는 거야"

"꼭 결혼해야 돼? 혼자 갈 수는 없어?"

"그럼 혼자 가는 게 아니고 결혼한 다음에 가는 거야"

"나는 지금 가고 싶은데"

"왜 그렇게 가고 싶은 건데?"

"꿀 가지고 달나라에 가는 거잖아, 달나라에 가보고 싶다."

"……"

그래…. 그 엄마에 그 딸이고, 그 할머니에 그 손녀와 그 손주 맞네.

그런데 이를 어쩌지.

당신 가시는 길에

- 추모의 글

아직 '이별 연습'도 하지 않았는데, 작년 7월 병원에서 당신에 대하여 주치의가 무거운 말을 했을 때 참으로 감당이 안 되어 그저 가슴이 먹먹하고 마음 둘 바를 몰랐어요. 여기를 보아도, 저기를 보아도 당신 흔적뿐인데 그것을 잊어야 한다니요!

마음이 추운 나와 결혼하고 55년을 살면서 배려와 사랑으로 나의 삶을 풍요롭게 해준 당신은 나에게 절대 보호자요, 좋은 학부형이었어요.

갓 결혼했을 때, 당신은 나에게 두 가지를 주문했어요.

첫째, 매일 신문의 사설을 읽을 것.

두 번째, 같은 과 부인들과 어울려 몰려다니지 말 것.

그 후 군인아파트 살 때는 '나는 경리 장교이니 요란하게 음식 냄새 풍기지 말라고 음식 단속까지 시켰지요.'

1.4 후퇴 때 혈혈단신으로 남한에 내려와 군에 입대했고, 그 후 가정을 이루고 우리에게 태어난 세 아이들. 당신에게는 하나님께서 주신 특별한 선물이었어요. 매를 든 적도, 뼈아프게 야단친 적도 없었으니 모든 악역은 제 차지였지요. 언제인가 잠자는 아이의 종아리에 난 매 자국을 쓰다듬으며

"여보 이 아이가 다른 집에 태어났으면 더 좋은 조건으로 클 수도 있을 텐데 매 들지 말고 타일러요" 언제나 아이들에게 관대했어요.

사실 이민을 택한 것도 아이들 때문이었지요.

· 세계를 다닐 수 있는 힘 있는 여권

· 만국을 다닐 수 있는 영어 능력

· 어디서나 살 수 있는 기술 능력을 갖추어 주자는 생각에서 이민을 결심했지요. 아이들은 아름답게 성장하여 바람대로 각각 제 몫을 잘 감당하고 있습니다.

참, 이민은 우연찮게 이루어졌어요. 77년 그때 우리나라는 가난을 딛고 일어서려는 열악한 환경이었고 더욱이 자유 해외여행은 힘든 때였죠. 어쩌다 호주에 갈 수 있는 여권을 갖

게 되었을 때 당신은 선뜻 "나는 이곳저곳을 많이 다녀봤고 우리 부부가 함께 해외여행을 할 형편은 못 되니 당신 나가서 세상이 얼마나 넓은지 구경하고 오라"면서 호주 왕복 비행기 표와 한영사전, 영한사전 한 권씩 그리고 돈 1000불을 마련해 주면서 나를 내보내 주었어요. 그것이 계기가 되어 종내는 호주로 이민까지 오게 되었네요.

당신은 나에게 참 고마운 분이었어요. 내가 무엇이라도 열심히 하는 걸 보면 "조경자 용해. 아직 저력이 있어." 하며 항상 칭찬과 격려로 용기를 주었으니까요. 어줍지 않게 그림이라도 그려오면 "허, 유명한 화가의 걸작품 같은데… 미술관에 걸어 놓아도 손색이 없겠는걸" 하다가도 "이 사람아, 호랑이를 그려야 고양이라도 나오지" 하며 놀려 대기도 했죠.

군화의 힘찬 발소리를 내며 나라에 충성했고, 거짓말을 싫어했으며, 또 '배반'이라는 말을 제일 싫어했던 당신. '대단해'라는 말을 잘하고, 칭찬과 여유가 넉넉했던 분. 내가 좋은 것보다 남이 좋아하면 더 좋아했던 당신.

55년을 함께 사는 동안 당신은 참 복이 많은 사람이라고 생각했어요. 아직도 소중한 친구분들이 있고 항상 무언의 돕는 손길들이 있어 삶의 고달픔 속에서도 형통의 기쁨을 누렸으니 이 얼마나 감사하고 복된 삶입니까?

이제 우리를 비롯해 세 아이가 태어나 가정을 이루고 그들을 통하여 사랑스러운 일곱의 손자 손녀가 태어나 아름답고 충실하게 성장하고 있으니 그것은 당신의 위안이요, 자랑입니다. 우리 아이들에게는 좋은 아버지, 자상한 아버지였고 손주들에게는 친구 같은 할아버지였어요.

하지만 여보!

지난날을 되돌아보면 우리의 능력으로 된 것 하나도 없어요. 삶의 길목 굽이굽이, 그때 그때마다 하나님께서 우리보다 앞서가셔서 '안전한 천막'을 치시고 그 길로 안내해 주셨어요. 또 푸른 초장과 잔잔한 물가에서 영육 간에 넉넉함을 주셨던 하나님의 인도하심 속에 우리의 삶이 있었음을 알고 하나님께 감사와 찬송을 드릴 뿐입니다. 그것은 처절한 아픔으로 사랑하는 손주 당신을 남한으로 떠나보내시고 불철주야 하나님께 기도하셨을 당신 할머님의 믿음의 기도 덕분이라고 생각됩니다.

외출에서 돌아와 문을 열고 들어오며 "여보, 나 왔어요" 하면 "왔어? 빨리 왔네." 하던 그 다정한 목소리를 다시는 들어 볼 수 없겠네요. 항상 당신 곁에는 내가, 내 곁에는 당신이 있어 함께했던 모든 것들의 당신 자리를 무엇으로 메울 수 있나요? 당신이 떠나도 나는 당신이 함께 있는 느낌으로 살겠지요. 그것은 마치 당신이 긴 여행에서 돌아올 거라는 생각으로, 그것은 나도 언제인가 세상을 떠나면 당신을 만날 거라는 기쁨의 기다림이겠지요.

그동안 고달픈 삶의 무거운 짐을 지고 살아오느라 수고했어요. 이제 그 모든 짐 내려놓고 아픔과 고통이 없는 그곳. 기화요초가 만발한 그곳. 하나님 계시는 저 밝은 천국으로 가볍게 기쁘게 가세요. 그래서 먼저 가신 그리운 분들 만나보세요.

그동안 남편으로, 아버지로, 할아버지로 우리와 함께해서 고마웠어요. 사랑해요.

당신의 아내와

당신의 자녀, 손들이 올립니다.

그의 목소리가 들려

봄이 오는가!

당신이 좋아하던 노란 Wattle 꽃은 올해도 어김없이 무리지어 피고 있는데 떠나간 당신은 다시 안 오네. 지난 한 해 당신 없는 삶이 얼마나 낯설었는지.

현관에 내 신발만 있는 것.

빨랫대에 내 빨래만 있는 것.

시계가 고장 나도 고쳐줄 사람이 없네.

뉴스 시간인데 나 혼자 보라고?

"당신 아침 먹어야지" 말해 주는 사람 아무도 없다.

당신 좋아하던 음식 보면 눈물이 왈칵, 목이 아려 온다.

시답지 않은 이야기, 신기한 이야기 두런두런 당신한테 말하면 잘도 들어주었는데 들어줄 당신이 없네.

당신 글씨만 봐도 마음이 저리고, 당신이 쓰던 물건 보면 쓰던 모습 떠올라 슬퍼진다.

아… 당신은 없네. 아무 데도 없네. 여기에도 없고, 저기에도 없고 교회에도 없네.

마음에서 당신을 떠나보내지 못하는 나에게 당신은 내 등을 토닥이며 말한다.

"그동안 나 돌봐 주느라 수고했어. 고마워. 이제 당신 시간 많으니 하고 싶은 것 하면서 편안하게 살다 와. 당신 그림 그리는 것, 노래하는 것, 글 쓰는 것 좋아하잖아. 언젠가 '조경자' 돌려 달라고 말했지? 좀 늦었지만 돌려줄 테니 즐겁게 살다 와.

기죽지 말고 당당하게.

추비하게 다니지 말고.

허술하게 먹지 말고, 이제 당신 건강은 당신이 챙겨야 한다고.

나 없다고 너무 쓸쓸해 하지 마. 당신 잘 해낼 수 있어. 내가 당신 위해 기도하고 있어."

내 마음에 비가 내리면 서슴없이 큰 우산이 되어 주었던 당신. 큰길을 건널 때면 내 손 잡아 건네주던 당신. 층계를 내려갈 때 당신은 서둘러 말하곤 했지.

"층계를 내려갈 때는 손잡이를 잡고 조심해서 내려가라고."

오늘도 당신 목소리를 들으며 손잡이를 잡고 조심 또 조심하며 층계를 내려간다.

Kyung 2014.

사랑아

애무해 주오
사랑

내 사치한 고독과
지친 나래는
네 안에서 미소하리니
삶의 의미는
온통 너로 하여
꽃 피우고 빛남이어라

아~ 나 언제
죽고 말아
내 무덤 속 차울까 두려움은

….

네 따듯한 가슴과
부드러운 숨결로
내 차운 잠 서럽잖게
서럽잖게

사랑아
우리 서로의 눈빛이
너로 비롯도록 바라우렴을

물여울의 노래

바닷가에서 주워 온 조약돌을 꺼내 본다. 비슷비슷하고 크고 작은 그 많은 돌무더기 속에서 건져 온 작은 돌, 검은색에 흰 줄무늬가 띠처럼 가늘게 쳐지고 몸매가 매끈한 조약돌이 내 손 안에 있다. 이 조약돌은 어디에서 왔을까? 큰 절벽에서 떨어져 나왔을까? 억겁의 세월을 감내하며 제 몸을 다듬어 지금 내 손 안에 있는 이 작은 조약돌. 조약돌 이전의 본체가 궁금하다.

젊은 날 선배 격인 B로부터 어려움을 당한 적이 있다. 나이도 어린 나를 공연히 시샘하고 트집 잡으며 힘들게 했다. 이사를 가고 싶기까지 했다. 견디다 못해 나와 B를 잘 아는

K 여사를 찾아가 내 사정을 이야기하며 조언을 구했다. 침묵 후에 K 여사는 나에게 말했다.

"이봐요. 맑은 계곡에 돌이 없으면 아름다운 물여울의 소리를 들을 수 없어요. 큰 돌과 작은 돌들이 물길을 만들어 주고 그 물길 따라 물이 흐를 때 우리는 아름다운 물여울의 소리를 들을 수 있어요."

우리네 삶이란 함께 섞이어 살면서 때로 힘들 수도 있지만, 그로 인해 얻어지는 기쁨 또한 크니 잘 참으면서 살아가라는 위로의 충고였다. 다행히 B는 남편의 근무지가 바뀌어 떠났지만 살아가는 동안 K 여사의 말은 사람들로 인해 힘들 때 물여울의 아름다운 노랫소리로 내 속에 흐르고 있었다.

사람이 태어나는 순간 제일 먼저 관계가 이루어진다. 처음 만난 엄마와 아빠 그리고 가족과 나아가 크고 작은 공동체의 일원으로 관계를 이루며 살아간다. 유아기와 유년기 청소년기를 거쳐 사랑하고 결혼하고 성인으로 살아가는 동안 숱한 관계의 부딪침 속에 깎이면서 내가 형성되는 것이 아닌가.

나이가 들면서 물여울의 아름다운 노래가 아픔의 절규요 슬픔이라는 것을 알게 되었다. 외로움이라는 것도 알았다. 물이 흐르며 돌의 살이 깎일 때 얼마나 아팠을까? 얼마나 슬펐을까? 그 슬픔을 혼자 참아내야 하니 얼마나 외로웠을까?

어디서 시작된 물줄기인지는 알 수 없지만, 어찌 맑은 계곡으로만 흐르겠는가? 화창한 봄날 꽃피고 새 우지짖는 들녘 고요한 강가를 은빛 눈부신 물비늘을 만들며 유유히 흐를 때도 있지만 소용돌이 휘몰아치는 물길도 만나고, 거센 물살 홍수도 만나고, 또 섞이어 함께 큰 물줄기로 흐르다가 나뉘어 헤어져 후미진 기슭을 외롭게 흐르기도 하고, 때로 가파른 물길로 폭포가 되어 떨어지기도 하지 않는가? 거역할 수 없는 흐름의 본분을 다하는 흐르는 물을 보며 우리의 삶을 생각해 본다.

'웃을 때에도 마음에 슬픔이 있고 즐거움 끝에도 근심이 있느니라.'라는 잠언의 말씀처럼 희락과 괴로움이 엮이어 흐르는 물로 나를 씻으며, 갈 한 목을 축이며, 부대끼며, 아프다고 소리 지르며 성숙해지는 것이다.

정에 약해 상처 잘 받는 나에게 남편은 말한다.

"거, 정 주고 울지 말고 정 주지 마라…. 힘들겠지만 속상해야 할 상대가 있다는 것도 행복한 일이야. 그 사람 없으면 그럴 일도 없을 거잖아. 그것도 다 살아 있다는 증거야. 죽었어 봐 그런 일 겪을 일도 없으니…. 즐기라고."

사뭇 여유를 가지고 대수롭지 않게 지나가라는 권고의 말이지만 아프기만 했다.

그런데 나이가 더 들면서 물여울의 노래가 아름다운 용납이라는 것을 알게 되었다. 마치 세찬 꽃샘바람이 불어 겨울잠을 자던 꽃망울을 터트려 꽃을 피게 하는 것도 서로에게 아름다운 용납이다. 호주 여름에는 산불이 연례행사처럼 일어난다. 대부분의 나무가 유분기가 많은 유칼립투스로 들어찬 산에 고온의 강풍으로 나무끼리 부딪쳐 산불이 일어난다. 그런데 이 산불을 통해서만이 터지는 열매가 있다. 그 열매가 터지고 씨앗을 퍼트려 건강한 숲으로 되살아나게 하는 신불도 용납의 과정이다. 꽃샘바람의 아픔을 통해서 꽃을 피우고, 뜨거운 열기로 퍼트려진 씨앗이 건강한 숲으로 회복되듯 서로가 서로에게 내어주고 받아들이는 이것이 아름다운 용납이 아닌가.

시드니 동쪽 해안가 Watsons Bay에 Gap park에는 해안 절벽이 있다. 남태평양의 해풍을 가슴으로 받으며 오랜 세월 동안 침식과 퇴적으로 형성된 수직 절벽 바위. 영화 「빠삐용」의 마지막 장면이 촬영되었다는 속설이 있을 정도의 위용을 자랑한다. 보통 날은 평온하지만 거센 바람이 부는 날 절벽에 부딪치는 파도의 굉음은 큰 공포를 갖게 한다.

그 유구한 세월을 지나오는 동안 저 바위가 폭풍과 파도에 깎이며 또 깎이며 아파만 했을까? 슬프기만 했을까? 외롭기만 했을까? 오리려 몸을 내어주고 교감하며 아름다운 용납을 하지 않았을까? 때로 무섭고 매몰찬 파도가 할퀼 때도 있었겠지만 부드러운 파도가 되어 파도의 언어로 쓰다듬으며 위로도 해 주었겠지. 파도가 전해주는 이야기를 들으며 또 바다 깊은 물의 숨 쉬는 소리도 듣고 산호초의 노래와 물고기들의 밀어도 들었겠지. 폭풍이 일 때는 세찬 바람 수레의 바퀴 소리도 들었을 터이고 밤마다 하늘 가득 눈부시게 빛나는 별들의 향연은 그 얼마나 황홀한가. 또 수평선에 펼쳐지는 아침 해돋이와 저녁 낙조의 광휘로움은 어찌 말로 표현할 수 있을까. 저 바위는 이 모든 것을 묵묵히 보며 품을 수 있었으니 아픔만도, 슬픔만도, 외로움만도 아닌 것을.

비로소 용납의 아름다움을 본다.

꽃씨 하나가 땅에 떨어져 썩어져야 아름다운 꽃을 피우고 많은 씨앗을 맺는 이 지순한 희생도 땅이 씨앗을 품어 따듯한 온기와 습도를 주어야만 싹을 틔울 수 있고 자라게 하고 씨앗을 맺게 하니 씨앗과 땅이 서로가 서로에게 주면서 받으면서 아름다운 용납이 이루어지는 것이다.

내가 살아온 나날을 되돌아본다.

거기에는 내 나이만큼 감겨져 내 삶이 직조된 한 필의 아름다운 피륙이 있다. 태어나서는 내가 부모의 피륙 속에 무늬로 짜여 있지만 성인이 되어서는 엄마의 이름으로, 아내의 이름으로, 또 사랑하는 남편과 아이들의 이름으로, 그것뿐일까. 나를 겹겹이 둘러싼 모든 사람들이 씨줄과 날줄이 되어 아름다운 문양을 만들며 직조된 한 필의 피륙, 때로 깎이는 아픔과 고통도 있었지만 금가루 은가루가 되어 직조에 촘촘히 박혀 있는 희열과 환희와 감격이, 박수와 갈채가 보석처럼 빛나고 있지 않은가? 이 어찌 나 혼자 직조할 수 있었을까? 서로가 서로에게 은밀하게 주면서 받으면서 하모니를 이루며 용납의 아름다움을 이룬 결과이다.

이 세상에 생명 있는 것은 아름답다. 아니 무생물까지도 아름답다. 산과 강, 흙 나무와 풀, 동물 또 우리, 지구상에 있는 모든 것들은 동일한 원자로 구성되지 않았는가? 하찮은 미물도 이 땅에 태어나 있는 자리에서 저마다의 삶의 방법으로 최선을 다해 살아간다. 부딪치면 부딪치는 대로 꺾기면 꺾기는 대로 순환과 공존의 질서를 지키며 그들의 본분을 다한다.

억겁 속에 파도와 바람이 하나가 되어 아름다운 용납을

통하여 큰 바위를 깎아 내 손 안의 작은 조약돌이 되듯이 또 먼 산허리를 휘돌아 한 줄기 바람이 불어 지나가듯 나 또한 나의 선대와 나의 후대를 이으며 지나가는 한 줄기 바람이 아닐까?

내 손 안에 있는 이 작은 돌.

태고의 숨소리를 듣는다.

아름다운 용납은 하모니요, 향기요, 사랑이요, 숭고함이요, 신의 축복이다.

반지 이야기

지금도 그때 일을 생각하면 얼굴이 붉어지며 참을 수 없는 웃음이 나와 킥킥거리며 가만히 혼자 웃곤 한다. 어떻게 그런 생각이 들게 되었을까? 당혹스러움으로 그때 내 자신이 지녔던 가치관까지 혼미해졌던 그 일. 그것은 나에게 슬픈 충격이었다.

그날 시드니 공항으로 마중 나가서 만난 내외분은 내가 처음 보는 분들이었다. 오래전 남편의 군 동기생으로 같은 부서에서 근무하며 젊은 날을 함께 보냈던 가까운 친구 부부라고 했다.

저녁 식사 후에 차를 마시면서 남편과 친구는 예전 군시

절로 돌아가 고달팠지만, 청청했던 젊은 날의 추억을 회상하며 유쾌한 웃음과 함께 이야기가 그칠 줄 몰랐다. 그때 문득 부인이 "그런데 여기 다이아가 싼가요?" 너무 조용히 묻는 물음에 "네? 다이아요?"

순간 시커먼 자동차 타이어가 연상되며 우리나라 타이어도 좋던데… 왜 이곳까지 와서 그걸 사려고? 하는 생각이 머릿속을 스쳐갔다. 내 표정이 의아했던지 그 부인은 자기 손가락의 반지를 만지작거린다.

"아 다이아요? 글쎄요…" 타이어가 아니라 다이아몬드였구나.

그날 밤 나는 조금은 참담한 기분으로 골똘하게 내 자신 감성의 현주소를 생각하게 되었다. 어찌하여 아름다운 보석 이야기에 시커먼 자동차 타이어가 연상되었을까? 내가 그렇게 나 좋아했던 보석의 이름들이 지워져 버린 이유는 무엇일까? 이민의 삶이 그토록 나를 고단하게 만들었나? 내가 얼마나 반지를 좋아했는데….

어렸을 적부터 나는 유난히 치장하는 것을 좋아했다. 감꽃이 피면 감꽃 목걸이를 시작으로 민들레, 클로버, 작은 풀꽃, 들꽃 줄기로 엮어 만든 목걸이며 팔찌, 반지로 그중에 꽃반지는 줄기가 짓무를 때까지 끼곤 했다. 반지 좋아하는 버릇은 딸아이에게 옮겨가 무슨 좋은 때면 반지를 사 주곤 하였다. 수술 받을 때 잘 참아냈다는 기념으로 칠보 입힌 은반지를 시작으로 상을 받았다고, 연주를 잘했다고, 빛나는 졸업을 축하한다고 그때마다 반지를 주며 깜짝 놀라는 아이를 기쁘게 해 주었다.

언제인가 남편에게 "난 무슨 기념일 때마다 반지 하나씩 받았으면 좋겠다." 하며 반지 좋아하는 내 속내를 은근히 비춘 적이 있다. 그런데 몇 해 후인가, 먼 여행길에서 돌아온 남편이 당당하게 내민 선물은 오색이 영롱한 반지들이었다. 너무 비싼 것은 아니지만 내 손 안에 넉넉히 건네주며 "이제껏 못 해 준 것 다…. 앞으로 해 줄 것 다…" 하며 숙제 잘한 아이처럼 한껏 뽐낸다. 하나하나의 특별한 이야기와 의미는 없었지만 반지 좋아하는 나를 충분히 즐겁게 만족시켜 주었다.

반지는 약속의 표상이다.

손에 낀 보석은 어떠한 모진 환경에서라도 그 빛과 모양이 변하지 않아야 한다는, 또 영원하다는 숙명의 상징이다. 바람에 구름이 흘러가며 변하듯 그렇게 변할 수밖에 없는 우리네 마음을 붙들어 매어 그것을 보면서 약속을 쓰다듬으며 추억을 살찌우는 표상이 아닌가?

호주에 살면서 반지 많이 낀 여자들을 심심치 않게 본다. 나도 기분이 좋은 날은 두 개 세 개를 겹쳐 끼기도 한다.

Rose는 중년이 지난 부인이다. 나와 함께 며칠을 여행하고 있는 동안 무겁게 낀 Rose의 반지를 세어보니 27개나 되었다. 무슨 반지를 그렇게 많이 끼었느냐는 나의 물음에 할머니로부터 받은 것을 비롯해서 이런 추억, 저런 이유들이 반지마다 담겨 있다. 더욱이 며칠 동안은 일할 걱정이 없으니 반지가 가진 추억과 그에 얽힌 긴긴 이야기와 함께 여행하는 즐거움을 누려보는 듯싶다. 나는 밤에는 그 반지들을 어떻게 하고 자는지 궁금했지만 묻지 않았다.

나에게는 손톱 크기만 한 오팔반지가 있다. 우윳빛 뽀얀 오팔로 멀리서 오는 여명을 불러오듯 옅은 빨간색과 하늘색이 뒤섞여 묘한 빛을 품고 있다. 나는 그 빛이 좋아 자주 끼었지만 정작 내가 오팔에 크게 매료된 것은 모든 보석의 화려한 색깔이 뿜어져 나오는 큰 동전만 한 호주 오팔을 갖게 된 이후부터였다. 애석하게도 두께가 얇았던 그 오팔은 금이 가 있었기에 나를 떠나갔지만 눈부시게 빛나던 무지갯빛의 그 신비한 색깔은 내 마음에 확연히 자리잡고 있어 못 가진 아쉬움을 더하게 했다. 그로부터 오팔이 좋아 호주에 대하여 막연한 동경까지 갖게 했다. 그러던 내가 호주에 와서 그 현란한 색깔의 오팔을 보며 경이로움에 빠졌던 것은 당연한 일이었다.

오팔은 호주의 국가 보석이다. 세계적으로 90%가 넘는 오팔이 호주에서 생산된다고 한다. 오팔은 그 종류가 많지만 크게 블랙 오팔, 크리스털 오팔, 화이트 오팔, 볼더 오팔로 나뉘고 저마다 독특한 색깔을 갖고 있다. 오팔은 역사 속에서도 존귀함의 상징으로 사랑받고 있다.

전설에 의하면 오팔은 무지개가 깨지면서 생겨난 보석이라 했던가? 그보다 문헌 속의 오팔은 수백만 년 전 공룡이 지구를 배회하고 지각판이 움직일 때 액화된 규소가 주변 암벽의 균열 사이를 천천히 흐르다가 젤로 굳어지며 형성되어 오팔이 탄생되었다고 한다. 따라서 오팔은 다른 보석처럼 결정체가 아니라 무정형 고체이다.

생성 과정이야 어찌되었던 나는 오팔이 좋아 오팔 있는 곳을 그냥 지나치지 못했다. 특히 오팔 전문점이나 박물관 오팔 코너에 가면 오랫동안 넋 놓고 보기 일쑤였다. 조목조목 품질 따지고, 가치 따지고 보는 것이 아니라 그저 한참을 그윽이 보고 있노라면 오팔이 슬슬 말을 걸어오기 시작한다. 삼라만상의 온갖 색깔이 고스란히 담겨 있어 이렇게 보면 이것으로, 저렇게 보면 저것으로 내가 이야기하는 대로 시원스레 답을 내놓는다. 뿐만 아니라 내가 살아오면서 경험하고 기억하는 황홀하고 아름다운 장면들을 그림처럼 그려낸다.

깊은 밤하늘의 난무하는 별 떨기
숲과 바다, 화사한 꽃무리
명멸하는 불꽃놀이
수학 여행길 대관령 굽이마다 채색옷을 입어 눈물이 날 만큼 감동을 주던 단풍산
케언즈 투명한 바닷속의 산호 숲.
또 비추는 조명에 따라 보는 이의 눈높이에 따라 춥게도 하고 따듯하게도 한다.

그 누가 오팔은 지구를 품은 보석이라 했던가?

이제는 바다에서도 하늘에서도 오팔을 만난다.

몇 해 전 Nelson Bay의 바다를 잊을 수 없다. 마침 내가 머물렀던 곳은 해변가와 접하고 있어 확 트인 바다가 앞마당처럼 가까웠다. 날씨도 화창했다. 그날 바다는 햇빛의 기울기에 따라 시시각각으로 변하며 부분부분 모자이크가 되어 온종일 장관을 연출해 주었다. 처음에는 잔잔한 옥빛이더니 비취색으로, 보라색으로, 자주색으로 바뀌어 갔다. 해 질

녘 바다와 하늘이 맞물려 노을과 함께 펼쳐진 그 광휘로움…. 그것은 온통 한 덩어리의 불타는 블랙 오팔이었다.

이제 나는 내 손가락에 낀 작은 오팔 반지에 만족하지 않는다. 보기에 따라 생각하기에 따라온 세상이 오팔로 덮여 있으니까.

할머니의 자장가

몇 해 전이었던가. 이민 와서 8년 만의 서울 나들이는 나에게 여러모로 큰 변화를 갖게 했다. 낯익었던 산천의 변모와 아울러 없었던 도시가 생겨났는가 하면 불쑥불쑥 나타난 새 건물은 나를 영 이방인으로 만들었다. 그중에서도 이민 오기 전 가슴팍 아래의 아이들 속에서 여왕처럼 군림하던 친구들이 훌쩍 커버린 아이들 속에서 노련한 중년의 여인으로 자리바꿈을 했다. 뿐만 아니라 푸르고 청청했던 우리들의 대화가 가을 나뭇잎처럼 퇴색되어서 어렸을 적 듣던 할머니들이 하던 이야기를 서슴없이 한다.

"손주는 봐 줄 게 아니야. 저희들은 젊었으니까 제 자식

무거울수록 좋겠지만 나한테는 좀 힘들어야지?"

"봐 주다니! 우리 몫은 있는 정성 없는 정성 다 쏟아 저희들 기른 것으로 족하다고. 우리도 이제 하고 싶은 거 하며 살아야지…"

"아유 글쎄, 오면 반갑고 가주면 더 반갑다니까."

야박한 말을 저마다 한 마디씩 꺼낸다. 그러면서 아기 보기를 비켜 가기 위하여 기타를 튕기며 노래 교습을 받는가 하면 수영을 배운다며, 그림을 그린다며 잃었던 자기를 찾기 위하여 분주한 모습들이다.

돌아오는 비행기 안에서 친구들의 '신식 할머니론'을 떠올리며 유쾌하지 않은 서운함이 그리움이 되어 나를 동심에 머물게 했다.

맏이로 태어나 도시에 살던 나를 아버지는 사람은 흙냄새를 맡아야 한다며 방학 때마다 시골 큰댁으로 보내주셨다. 여름, 별이 내리는 밤에 평상에서 할머니의 팔을 베개하고 누워서 들어도 또 들어도 재미있는 옛날 이야기며 할머니의 따듯한 등, 구슬, 대추, 밤, 사탕 원하는 것이 끊임없이 나오던 할머니의 주머니. 그래서 우리는 그것을 요술 주머니라 불렀다. 그뿐이랴, 잘못에 쫓겨 도망할 때에도 할머니 품에만 들어가면 그곳은 언제나 안전한 포구였다.

Kyung '14

그러나 집에 돌아오자 나는 아직 예비할머니도 안 된 친구들에게 서울에서 본 새로운 풍속도를 소상히 그려 보이며 우리는 아기를 보아주는 할머니가 되어서는 안 된다고 외쳐 댔다.

때가 이르러 나도 시어머니가 되었고 아기를 가졌다는 소식을 새 며느리로부터 들으면서 할머니가 된다는 당연한 사실에 당혹스러움과 설렘의 묘한 느낌 속에 있었다.

초여름의 화창한 날에 첫아기 '서령'이가 우리에게 왔다. 마치 긴 겨울잠에서 벗어난 듯 오랜 침묵을 깨면서 아기는 집 안을 온통 수선스럽게 만들었다. 온 식구들의 마음은 새로운 기쁨으로 넘치고 아기가 눈을 맞추며 윙크를 하였다는 둥, 쳐다보며 웃었다는 둥 저마다 거짓말을 거침없이 만들어 낸다.

아기를 안아본다.

나를 비롯하였으므로 태어날 수 있었던 생명! 태초에 흙으로 빚은 인간에게 생기를 불어넣어 들리게 했던 신의 창조의 처음 숨결을 오늘 듣는다. 그 소중함의 무게는 마치 온 지구덩이를 안고 있는 듯한 풍만감으로 나의 두 팔을 모자라게 한다. 비로소 신이 인간에게 준 지순한 평화와 안식과 사랑과 감사를 감격하면서 맛본다.

Kyung '13

여인이 할머니가 되어 손주를 안을 수 있다는 것은 신이 부여한 또 다른 축복이다. 그것은 삶의 새로운 충전이요, 소망이며 기도의 제목이 될 터이니까.

날이 거듭되며 아기는 내 영역으로 사랑스럽게 조금씩 밀고 들어온다. 웃음소리며, 울음소리며, 분 냄새며, 첫나들이 할 때 신었던 레이스 달린 조그만 신발, 또 딸랑이 장난감. 이 모든 것은 서령이의 것이지만 나의 삶의 길목을 아름다운 흔적으로 남기면서 자라난 딸들, 곰새와 사랑새의 것이기도 하다.

뛰어노는 모습이 한 폭의 그림이 되어 내가 좋아하는 '르느아르' 그림 앞에 섰을 때보다 더 큰 환희를 주었던 내 아이들, 수풀을 헤집고 여름 계곡을 흐르는 청아한 소리로 말하던 말소리들이며, 노래들이며, 예쁜 몸짓이며, 박수와 갈채가 아직 묻어 있는 상패와 트로피를 안겨 받았을 때의 그 기쁨. 그러나 그들은 성인이 되어 나를 떠나고 있다. 텅 빈 자리만을 남기고….

지금 그 텅 빈 자리에 아기 서령이가 빛나는 날갯짓으로 신선한 향기를 흩날리며 날고 있다. 세 아이들을 기르는 동안 고집하며 쌓아왔던 최소한의 나의 규범의 성을 여지없이 허물면서 들어온 사랑스러운 침입자. 그러나 거기에는 다함

없는 사랑과 미소와 너그러움만이 있을 뿐이다

하루라도 안 보면 못 견뎌 하는 나 자신 속에서 이미 아기를 안 보겠다고 외쳐 대던 나는 저만큼 내동댕이쳐져 있음을 본다.

훗날 나는 서령이에게 어떤 할머니가 될까?

서령이가 조금 크면 봄꽃이 피는 4월쯤에 한국에 갈 것이다. 그래서 앞산과 뒷산에 뭉게뭉게 피어 있는 진달래꽃을 보여 줄 테고, 하얀 감꽃을 엮어 꽃목걸이를 만들어 목에 걸어주고, 또 종이학도 접어주며 해와 달이 된 오누이 이야기도 해 줄 테다.

오늘도 나는 아기를 안고 자장가를 부른다. 참으로 스물여섯 해 동안 닫혀 있었던 자장가의 문이 열리고 있는 것이다.

"잘 자라 우리 아가 앞들과 뒷동산에 새들도 아가 양도 다들 자는데…."

어렸을 적에 설이 오면

참 그때는… 집집마다 분주하였었지.

밤이면 때때옷 설빔 만드는 다듬이질 소리. 아…. 그것은 휘영청 밝은 달빛을 깨뜨리고 들려오던 청아한 쌍 다듬이질 소리였어.

옆집 영실이 엄마 손은 노랑 치자 물이 들었었지.

경찰서 옆 금박집은 새벽부터 바빴다던데.

국화 무늬 금박이 은박이를 하루 종일 찍어 냈다던데.

그래서 설날에는 동네 아이들 저고리 깃동에, 소매 끝동에 나불거리는 옷고름에 국화 꽃 내음이 물씬물씬 났었지.

떡방아 절구소리, 가루 치는 체질소리, 무쇠솥 뒤집어 걸어 놓고 누름적 부치는 소리, 대청마루에선 빙그르르 둘러앉아 가래떡 썰고, 만두 빚으며 떠드는 소리.

그렇게 밤은 저물고, 섣달그믐 밤에 잠을 자면 눈썹이 하얗게 센다기에 겁나서 내려오는 눈꺼풀을 치켜세워 보았지만, 아침에 하얗게 세어진 눈썹을 보며 울음 터트렸었지….

그 예쁜 때때옷 설빔을 나는 한 번도 입어 본 적이 없었네. 엄마는 비싼 털실로 예쁜 무늬 촘촘히 넣어 폼 나게 한 벌 설빔을 만들어 주었지만 금박 찍은 때때옷이 얼마나 입고 싶었는데.

외할아버지가 기생 놀음에 빠져 서럽게 자란 엄마는 치마저고리를 아주아주 싫어했지. 나는 엄마가 꼬리치마 저고리 입은 것을 한 번도 본 적이 없었다니까.

Kyung '21

유통 기한

깨졌다
아름다움을 뽐내던
유리 그릇

내 날 끝까지 나와 함께
있을 줄 알았는데

가슴 아파
혹시 쓸 수 있을까 이리저리
맞추어 보았지만

부서졌네

거기까지

4

삶의 길목을 되돌아보며

어린 시절

그날 엄마는 나를 낳기 위해 진통을 하셨겠지. 내가 태어나며 힘찬 울음을 울었을 게다. 나는 엄마의 젖을 먹고, 젖 먹는 나를 바라보는 사랑의 눈길 속에 내가 있었겠지. 아주 조그마한 내 손과 발이 엄마의 손 안에 기쁨으로 있었겠지. 나에게 세상의 언어를 처음 가르쳐 준 엄마….

내가 10살 때 돌아가신 엄마의 손길이 그리울 때면 또 많이 슬플 때면 아득한 기억들을 더듬으며 엄마를 회상했던 장면들이다.

예쁜 것을 좋아하셨고 그림을 잘 그리셨으며 향수를 좋아하셨다. 명석하셨으며 손재주가 좋으셔서 수를 그림처럼 잘 놓으셨다. 뜨개질을 잘하셔서 온 집안의 가리개며 받침대가 뜨개질 레이스로 덮여 있었다.

어머니는 1913년 강원도 삼척 김씨 가문에서 태어나셨다. 어머니의 친할아버지께서 강원도 고성 군수를 지내셨으며 아버지 즉 내 외할아버지께서는 군수 아버지의 힘으로 막대한 치부를 하셨고 첩과 기생놀이를 즐겨하셨다고 했다. 그 모습이 못마땅한 외할머니께서 내 어머니와 외삼촌을 데리고 원산으로 가셨고 어머니는 감리교 계통의 '원산 루시여자고등학교'를 졸업한 신여성이었다. 어머니는 아름다우셨다. 화장대에는 분첩과 볼 연지가 있었고 고대기도 있었다. 화장을 곱게 하시고 신여성 머리에 뾰족구두, 양장을 한 어머니는 참 멋이 있었다.

아버지는 1910년 경기도 신갈 한양 조 씨 가문에서 태어나셨다. 대물림되는 전형적인 농촌 생활이 싫어 20세 때 수원 잠업 강습소에서 잠 안 자고 성실하게 누에를 보살핀 덕에 조수로 채용이 되었다. 1년을 저축한 끝에 100원을 모았고 불굴의 의지로 일본 유학길에 올라 고학으로 일본 명치대학교 정치경제학과를 졸업하셨다.

어머니가 강원도 철원에서 국민학교 교사로 있을 때, 때마침 아버지는 철원에 있는 가까운 친척 형님댁을 방문하게

Kyung 2021

되었고 어머니의 학부형이었던 그 친척 형님 내외의 적극적인 중매로 결혼에 이르게 되었다.

내가 태어난 곳은 서울인데 어머니의 부임지가 의정부였는지 그곳에서 몇 해 동안 산 기억이 있다. 어머니가 출근하면 나는 많이 외로웠다. 나를 업어주고 돌 봐주는 언니가 있었지만 나는 혼자 잘 놀았다. 여름 한낮 소나기 후에 뻗은 무지개가 신비로워 쫓아갔던 기억이 있다. 풀꽃과 담 밑에 난 잡초도 내 좋은 소꿉친구였다.

동생이 태어나며 어머니는 학교를 그만두셨지만 어머니와는 그리 살갑지 않았다. 나를 끔찍이 사랑하고 위하셨지만 마음 실컷 응석 부려보지 못했다. 어머니는 항상 엄격하셨으며 나는 어머니 기대에 많이 못 미쳤다. 피아노를 가르치려 애쓰셨지만 나는 노래하는 것을 더 좋아했다. 어머니는 물리학자 퀴리부인을 흠모하셨을까? 내 아명은 '규리'이다. 일본말로 '규리'는 오이라나? 아이들은 날 보고 오이라고 놀려댔다. 너무 싫었다. 또 솜씨 좋은 어머니는 겨울에는 스웨터로, 여름에는 내 옷에 구술 달고 솜씨 부려 날개처럼 만들어 입혔다. 나는 예쁜 옷을 입고 밖에 나가 진창에 첨벙거리다 더럽혀진 옷을 입고 들어와 야단 맞기 일쑤였다. 나는 특별한 것이 너무 싫었다. 다른 아이들처럼 깡통치마에 금박이 노랑 저고리가 입고 싶었다. 외할아버지의 기생놀이에 대한

혐오감에서였을까 어머니는 나에게 절대로 한복을 안 입히셨다, 나는 어머니가 한복 꼬리치마를 입으신 것을 한 번도 본 적이 없다.

어머니는 약하셨다. 내 아래로 동생 둘을 낳으신 후 시름시름 아프셨다. 1949년 12월 어머니는 36살의 고운 나이로 세상을 떠나셨다. 끔찍이 사랑하던 졸졸한 세 아이들을 두고 어찌 눈을 감으셨을까?

아버지는 어머니의 마지막 가는 길을 호사스럽게 보내 드렸다. 추운 12월 광목으로 된 상복을 입은 어린 상주 내가 장지에서 본 어머니의 관. 그 진한 검정색은 나에게 큰 충격을 주었다. 나는 검정색을 아주 싫어했다. 나에게 특별한 예복 외에는 검정색 옷이 없다. 뿐만 아니라 훗날 내 아이들의 학용품 색종이 묶음에는 검정색 색종이가 없다. 내가 빼고 주었기 때문이다.

어머니의 장례를 치른 후 집에 돌아오신 아버지는 우리들을 물끄러미 보시더니 슬프게 소리 내어 한참을 우셨던 기억이 난다. 젊은 아내를 떠나보낸 아버지의 마음은 얼마나 외롭고 아프셨을까? 신학문을 배우고 젊은 날에 만나 결혼하고 각별한 사랑을 나누던 두 분이시다. 게다가 어린 우리 3남매는 어찌 기르실까? 많이 난감하셨을 것이다.

그다음 해 봄 아버지는 재혼을 하셨다.

결혼

1962년 나는 숙명여대 국문과를 졸업했다. 또 국어교사 2급 정교사 자격증도 있었다. 나는 친남동생 둘을 데리고 직장이 주어지는 곳으로 집을 떠나기로 마음먹었다. 그에 앞서 나의 형편을 잘 아시는 목사님을 찾아가 나의 계획을 의논했다. 목사님은 한참을 생각하시더니 이런저런 이유로 결혼을 권유하셨다. 그동안 혼인 말이 있을 때마다 거절했지만 목사님의 권유로 결혼을 골똘하게 생각하게 되었고 첫째 조건이 크리스천이어야 했다.

그즈음 나는 동대문에 있는 동신교회에서 성가대를 했고 남편의 고모님 되시는 분이 같은 교회에 출석하셨으며 그분

Kyung 20

의 주선으로 선을 보게 되었다.

남편 박세명은 1931년 11월 평북 철산군 참면 오봉동 363번지에서 태어났다. 외삼촌께서는 여러 개의 학교를 세우신 교육자 집안이었고 남편은 학교를 주로 외가에서 다녔다. 평북 선천에 있는 선천 상업전문학교 경제과를 나온 후 1.4 후퇴 때인 20세 때 혈혈단신으로 이남에 내려왔고 대한민국 육군에 입대하여 열심히 군 복무를 했다. 복무 중 기회를 얻어 미국 인디애나폴리스에 있는 미 경리학교 초등 군사반을 다녀와 육군 경리감 부관을 하고 있는 육군 대위였다.

처음 들은 그의 목소리는 명랑했고 눈길이 따듯했다. 할머니의 믿음을 이어받아 독실한 기독교 가정에서 성장했다. 여덟 살의 나이 차이에서인지 나는 그에게서 어려서 느껴보지 못했던 아버지의 정과 일찍 잃은 어머니의 정을 느껴 편안했다. 만난 지 3개월 만에 약혼했고 3개월 후 1963년 5월에 결혼했다. 결혼식은 용산에 있는 육군 중앙교회(현 국군 중앙교회)에서 했다. 지금은 현대식 건물로 지어졌지만, 당시 그 교회는 언덕 위에 있는 아담하고 전형적인 목조 건물이었으며 이승만 대통령께서 앉으셨던 의자가 놓여 있었다.

우리의 신접살림은 이사 다니기에 바빴다. 군인 가족의 삶이 시작된 것이다. 대위 때는 많은 교육과정이 있었다. 교육과정을 마친 후에는 임지를 따라 생소한 지역으로 이사 다녀야 했다. 경북 영천에서 교육 기간 중 몇 달 동안 살았고 그 후 임지를 따라 포천시 일동면에서도 살았다.

살림살이는 간단했다. 옷을 걸 수 있는 튼튼한 철제 캐비닛 하나와 사과 궤짝 몇 개가 전부였다. 그 당시에는 사과를 종이상자가 아닌 얇은 송판을 이어 붙여 만든 궤짝에 쌀겨를 함께 넣어 팔았는데 그 빈사과 궤짝은 쓸모가 참 많았다. 방 안에 몇 개를 올려 쌓아 놓으면 손색없는 책꽂이가 되고, 화장대도 되고 부엌에도 몇 개를 올려 쌓아 놓으면 찬장으로 제 역할을 훌륭하게 해주었다. 때로 이사 다니기가 고달프기도 했지만 불평 없이 쫓아다녔다.

아이들이 셋이 되었을 때 비로소 서울에 거처를 정하고 남편 혼자 임지에서 근무하며 주말에 서울로 올라오곤 했다.

결혼생활이란 무엇일까? 두 사람이 결혼이라는 한 베틀에 앉아 씨줄과 날줄이 되어 매일매일 삶을 직조해 나가는 것이 아닐까? 씨줄 쥔 남편의 손이 고달프면 내 손의 날줄로 바꾸어 주고 날줄 쥔 내 손에 아픔이 오면 씨줄 쥔 남편이 내 아픔을 감싸주며 그렇게 베틀에 앉아 폭풍과 뙤약볕을 함께 겪으며 묵묵히 주어진 세월에 문양을 짜 나가는 것이 부부의 삶이다. 그래서 부부란 서로가 서로에게 잘 길들여진 또 하나의 '나'가 되는 것이다.

그렇게 우리도 한 베틀에 앉아 55년을 함께 살았다.

세 아이들

결혼 이듬해 4월 첫아이 아들 지원이가 태어났다.

임신 소식이 있자 남편은 나에게 시간도 많으니 종합병원 이곳저곳을 다녀보며 마음에 드는 병원을 정하라고 권유했다. 나는 여러 병원을 다녀 보았고 결국 숲속에 싸여 있어 아늑한 청량리 위생병원을 택했다. 매월 정기검진도 잘 받고 모든 것이 정상이었는데 출산 임박해서 역산이라고 했다. 제왕절개를 하기로 했다. 한밤중 진통이 와서 병원에 입원했지만, 아침이 되기 전에 엄마와 아기 둘 다 죽을 수 있는 위급 상황이 생겼다. 다행히 청량리 위생병원에는 의사의 관사가 병원 안에 있었고 위급함에 달려온 의사 덕분에 엄마와 아

기는 기적적으로 살 수 있었다. 남편의 기쁨은 컸다. 늦은 결혼에 처음 갖는 혈육인데 더욱이 어려움 속에 만나게 된 아들이니 얼마나 기뻤을까? 그래서인가 후일 아들에 대한 사랑이 각별했다.

숲속에 싸여 있는 산부인과 병동. 밤에는 봄비가 오고 낮이면 눈부신 햇살 속에 나무의 새순이 돋아나며 매일매일 푸르러 갔다. 나는 만물이 소생하는 신비함과 난산으로 나에게 온 새 생명이 감사하여 매일 많이 울었던 기억이 난다. 보름 만에 퇴원하는 날 길 양편으로 노란 개나리가 활짝 펴 꽃길을 만들어 주었다.

2년 후 둘째 아이 큰딸 수미가 태어났다.

아기를 가졌을 때 입덧이 심했다. 아주 심했다. 병원에 검진을 갔더니 아기가 자리를 잘 못 잡아 6개월이면 자연유산이 된다고 했다. 안국동에 있는 유명한 산부인과 병원인 제일병원에서도 같은 진찰 결과가 나왔다. 중절수술을 생각하며 망설이고 있는데 아는 분의 권유로 기도하시는 권사님의 기도를 받아 보기로 했다. 어찌된 일인가? 기도 받은 그다음 날부터 그 심하던 입덧이 사라졌고 못 먹던 입맛이 돌아와 음식이 꿀맛이었다. 6개월이면 자연유산이 된다던 아기가 출산 예정일에 아주 건강하게 태어났다. 성스러운 12월에 축복

속에 태어난 아기, 기도 속에 안겨 온 아기. 손가락이 길고 예뻤다. 피아니스트가 되려나?

그런데 첫째 지원이가 심술을 부린다. 내가 아기를 안고 젖 먹이는 모습, 아기 어르는 모습에 질투가 심하다. 아기가 잠들면 장난감을 두드리며 "나는 아기 깨라고 그런다" 시끄러운 소리를 내며 아기를 깨운다. 이럴 때는 어떻게 하나? 고민 끝에 지원이 아기 때 앨범을 보여 주었다. 거기에는 아기 적 지원이의 모습이 소상히 담겨 있다. 그 후 아기에 대한 지원이의 질투심은 없어졌지만, 사랑은 독점하는 것이 아니라 나누는 것이라는 마음으로 세 번째 아기를 갖기로 했다.

세 번째 아기 유미가 태어났다 이제는 가족이라는 단어가 꽉 찬 느낌이다. 유미는 우리에게 사랑둥이로 왔다. 첫째와 둘째는 육아에 경험이 없어 육아에 관한 이 책 저 책을 펴 놓고 보면서 시간 맞추고, 소독하고 절도 있게 육아했지만 유미에게는 울면 젖주고, 안아주고 편한 마음으로 키웠다. 유미는 보채지도 않고 둥글둥글 사랑스럽게 잘 커서 '사랑새'라는 별명이 붙었다. 또 수미에게는 귀하고 많은 사람들에게 굄을 받으라고 '굄새'라는 예쁜 별명을 붙여 주었다.

한국에서 유년기와 사춘기를 막 보내고 호주로 이민 온

아이들은 낯선 땅에서 언어의 장벽을 뚫고 적응하느라 얼마나 힘들었을까? 하지만 이전에 보지 못했던 전혀 다른 모습으로 열심히 일하는 부모를 보고 새로운 용기를 얻어서인지 저마다 제 앞길을 굳건히 헤쳐 나갔다.

지원이는 공학도로 NSW대학교 Computer Science를 졸업했고 1993년 이화여대 경제학과를 졸업한 손수미와 결혼하여 딸 서령이와 아들 서현이를 두었다.

큰딸 수미는 피아니스트로 시드니 Conservatorium High, 호주 국립대(ANU음대)를 거쳐 미국 로체스터에 있는 Eastman 음대에서 석·박사를 졸업했으며, MIT공대와 Stanford에서 MBA를 한 오명룡과 결혼하여 아들 재민이와 딸 미나를 두었다.

작은딸 유미는 치과의사로 시드니대학교를 나왔으며 미국 언니네 집에 놀러 갔다가 형부의 소개로 Stanford대학교에서 Engineering을 전공한 Stuart Van Horne과 결혼하여 아들 Danial과 딸 Sarah와 Jessica의 세 아이 엄마가 되었다.

사랑하는 아이에게

며칠 전 네가

"시간이 나를 통해서 가는 것인지?"

"내가 시간을 통해서 가는 것인지?"

하며 내게 물었지? 곰곰이 생각을 하며 이런 생각을 했다. 두 가지가 다 맞다고 생각해.

"내가 아무것도 안 할 때는 시간이 나를 통해서 가는 것이고"

"내가 무엇인가 할 때는 내가 시간을 통해서 가는 것이라고"

예를 들면 며칠 전 Sushi식당에 갔던 때를 기억해 보자. Sushi Train이 지금 네 앞을 지나가고 있어. 가만히 보고만

있으면 시간이 너를 통해서 흘러가고 있는 거야. 그러나 네가 먹고 싶은 것을 가져와 먹으면 네가 시간을 통해서 가는 것이지. 즉 먹고 싶은 것을 가져온 것은 너의 선택이다. 선택이 이어져 시간이 되고 선택이 쌓여 삶이 되는 것이다. 선택은 너의 것이다.

Sushi Train에서는 네가 먹고 싶은 것, 먹고 싶지 않은 것 2가지로 구분되고 그 중에 네가 먹고 싶은 것만 선택하면 되지만 우리 삶이라는 Train은 아주 커. 뿐만 아니라 선택의 Menu도 아주 많아. 꼭 먹어야 할 것과 먹어도 되고 안 먹어도 되는 것, 먹으면 독이 되는 것이 있다.

꼭 먹어야 하는 것은 올바른 선택이다. 그것을 먹으므로 너의 평생이 건강하고, 아름답고 행복한 것이다. 먹어도 되고 안 먹어도 되는 것은 누구나 함께 겪는 보통의 삶이다. 먹으면 독이 되는 것은 유혹이다. 유혹은 속기에 딱 맞는 여러 개의 얼굴을 하고 있지. 사람은 약하기 때문에 유혹에 넘어가기 쉬워. 너는 고등수학을 전공하고 있으니 수학은 풀면 답이 나오지만 삶이란 수학이 아니야. 삶이란 정답이 없어.

너는 지금 잘하고 있어. 올바른 선택을 했고, 그 선택을 성취하기 위해 열심히 하고 있으니 모든 것이 다 잘될 거야.

삶의 길목이란 가다가 힘들고 어려운 때도 많단다. 그때도 용기 잃지 말고, 가다가 넘어지면 툭툭 털고 일어나 힘차게 걸어가기를 바란다.

사랑해.

- 할머니가.

이민 생활

호주 시드니로의 이민은 우연치 않은 일로 오게 되었다.

결혼하면 시간이 많아 내가 하고 싶은 것을 마음껏 할 수 있을 줄 알았다. 하지만 결혼하고 바로 아기를 갖게 되었고 끊임없는 살림살이와 육아로 무력감과 심한 좌절감에 빠져 버렸다. 급기야 병원을 찾게 되었고, 의사는 건강에는 이상이 없다면서 여러 가지 처방 중 취미로 꽃꽂이를 배워 보라고 권유했다. 그러나 그때는 생활하는데도 빠듯한 경제 상황이었는데 호사스러운 취미 생활은 엄두도 못 낼 때였다.

몇 년 후 그것이 계기가 되어 유명한 선생님으로부터 정식으로 꽃꽂이 수업을 받게 되었다. 꽃꽂이 1급 사범이 되어

교회 꽃꽂이와 육군회관 만찬 꽃꽂이 장식 등 활동도 활발히 하게 되었다. 뿐만 아니라 살고 있는 반포 아파트에 꽃꽂이 연구소도 열었다. 나름대로 연구소는 배우려는 학생들로 바빴다. 그때에는 꽃꽂이 사범들이 연수 비슷한 명목으로 해외에 다녀오는 것이 유행이었다. 함께 공부했던 사범 중에 해외를 제집 드나들 듯하는 능력 있는 친구가 있었다. 나도 해외에 나가 보고 싶은 마음으로 그 친구에게 초청장 하나 내주기를 부탁했고 호주로 가는 초청장을 받을 수 있었다. 1977년 당시에 공무원 가족은 해외 자유여행을 할 수 없었던 시기였다. 혹시나 싶어 그 초청장으로 여행 수속을 시작했는데 의외로 어렵지 않게 여권이 나왔다. 신기했다.

남편은 "나는 외국에 이곳저곳을 많이 다녀봤고 우리 형편에 부부동반 해외여행은 힘들 터이니 세상이 얼마나 넓은지 구경하고 오라고" 하면서 호주 왕복 비행기표와 한영사전, 영한사전 한 권씩, 미화 1000불을 쥐여 주면서 좋은 기회라며 다녀오기를 권했다.

비행기 타 본 경험이라고는 아이들과 놀이터에서 모형 비행기 타본 경험밖에 없는 내가 겁도 없이 해외 여행길에 나섰다. 그것도 중1, 초등5, 초등 3학년의 어린아이 셋을 두고 떠난 것이다. 아침마다 두 딸의 긴 머리를 땋아 주어야 했기

Kyung 19

에 하루라도 외박을 해본 적이 없는 나였다.

시드니는 넓고 생소했다. 시드니에서 꽃전시회 목적으로 친구와 왔지만 그렇게 할 상황이 아니었다. 스폰서도 없고 영어도 모르는 우리가 전시회를 어떻게 한단 말인가? 전시회를 하고 전시회 사진이라도 가져가 학생들에게 보여주어야 할 터인데 전혀 불가능했다. 체류 자격도 불안했다.

시드니에는 우리 가정을 잘 아는 목사님이 한 분 계셨다. 그분 말씀은 이왕 어려운 길 왔으니 아이들 유학도 보낼 겸 이곳에서 살 수 있는 길을 찾아보자고 하셨다. 한편 전시회 사진도 없이 빈손으로 돌아가기도 계면쩍고 어찌되었던 왔으니 이곳의 꽃 흐름이 어떤지 알고 싶었다.

우여곡절 끝에 꽃집에 취직을 했다. Bondi Junction에 있는 Pearson's Florist. 유대인이 운영하는 꽃집이었다. 영어가 서투니 긴장하며 말 동냥 귀 동냥으로 열심히 일했다. 다행히 영어를 읽을 수 있으니 주문한 작품을 하는 데는 문제가 없었다. 매주 월요일에는 6명의 Florist들이 Shop window에 진열할 작품들을 만든다. 손님들은 그것을 보고 주문하는데 내 작품 주문이 가장 많았다. 또 버려지는 것을 잘 활용해 쓰는 나를 근검절약이 몸에 밴 유대인 주인은 무척 좋아했다. 주인은 나의 변호사와 이민 장관 앞으로 내 신상에 대하여 편지를 잘 써 보내주었고 일한 지 6개월 만에 영주권이 나왔다.

나는 15개월 만에 한국에 갔다. 그 15개월은 나에게 15년처럼 길고 힘든 세월이었다. 아이들이 보고 싶어 많이 울었고 낯선 꽃집에서 일하며 힘들다는 말을 남편에게 말할 수도 없었다. 당장 돌아오라고 했을 터이니.

그 새 아이들은 많이 컸고, 남편은 여전한 현역으로 불편함이 없었다. 호주로 이민할 기미가 없다. 이 안락하고 평온한 생활, 나 역시 이 편안함에 눌러앉아 누리고 싶은 마음의 동요가 컸다.

그즈음 작은딸에게 미안한 마음이 있어 하교시간에 맞추어 학교로 마중을 갔다. 그때 구름 떼같이 몰려나오는 아이들을 보면서 돌연 무거운 마음이 일었다. 이 아이들이 성인이 되어 사회생활을 할 때 얼마나 치열한 생존 경쟁이 일어날까? 부모로서 내 자식들이 성장해서 사회의 일원으로 당당하게 살도록 하려면 지금 무엇을 저들에게 해 주어야 하나? 남편과 많은 고심을 한 끝에 내린 결론은 내 아이들에게 세계를 다닐 수 있는 여권을 만들어 주고 싶었다. 그 당시 우리나라 여권은 힘 있는 여권이 아니었다. 또 세계 공용어인 영어 능력을 키워 주고 싶었고 어디에서도 살 수 있는 기술 능력을 갖게 해주고 싶었다. 그러기 위해서 호주로의 이민을 결정했다.

1980년 1월 초 현역 대령인 남편은 예편지원서를 냈고 1월 말 예편되었다. 매일 아침마다 시간 맞추어 진행되던 남편의 일상이 정지되었다. 매일 정시에 밖에 와 기다리던 승용차도 더 이상 오지 않았다. 나라에 일이 생기면 자기는 나라의 몸이니 가족은 내가 책임져야 한다고 나를 긴장시키면서 천직으로 알고 몸과 마음을 바쳐 복무했던 곳. 월남 파병의 추억이 있고 공식적인 공휴일 외에는 병가 한 번 내 보지 않고 성실히 일했던 일터. 30여 년 동안 몸담았던 군대생활을 끝내는 남편의 그 마음이 얼마나 허전했을까? 더욱이 낯선 나라에 가서 새롭게 뿌리 내려야 하는 모험을 위해서 안락한 생활을 접기로 결단한 그 마음을 내가 알 수 있을까?

1980년 4월 26일 시드니 공항에 다섯 식구가 내렸다.

지원은 서울고 1학년, 수미는 세화여중 2학년, 유미는 반포 초등 6학년. 아이들에게 좋은 학업의 기회를 주기 위해 이민을 택했지만 낯설고 물설고 말까지 설은 이곳에서 앞으로 펼쳐질 모든 것에 대하여 두려움이 앞섰다. 친절한 사람들은 이민 와서 아직 직장도 없으니 실업자수당을 신청하라고 일러주었지만, 대한민국에서 30년을 넘게 국록을 먹었는데 이민 와서 실업자수당을 탄다는 것은 자존심이 허락지 않았다. 그렇다고 가지고 온 돈이 있는 것도 아니었지만 고생할 각오로 왔기에 할 수 있다는 오기로 맞섰다.

처음 이민 오면 이민자를 위한 필수 코스를 거쳐야 한다. 영어와 호주 역사 등 생활에 필요한 제반 상식에 대하여 공부하는 필수 과정이다. 대형 버스를 타고 국회가 열리고 있는 호주 수도 Canberra에 가서 국회 현장 견학도 했다. 아이들은 학생을 위한 영어 학교로, 남편과 나는 이민자를 위한 학교로 분주한 나날을 보내면서 나는 틈틈이 그전에 다니던 꽃집에 나가 일도 했다.

그 무렵 우리가 사는 Strathfield에 새로운 쇼핑센터가 지어지고 있었다. Strathfield는 호주 사람들이 많이 사는 격조 있고 보수적인 지역이다. 큰 용기를 내어 복덕방을 통해서 꽃가게를 신청해 보았다. 그런데 허락이 나왔다. 무엇을 보았을까? 말도 어눌하고 동양인인데….

되고 나니 걱정이 앞선다. 장사를 해본 경험도 없는데… 내가 일하는 꽃집 주인 Pollack에게 자초지종을 소상히 말하니 진심 어린 걱정을 많이 해준다.

"너 어쩌려고 그러니? 너는 꽃꽂이만 잘 했지 가게에서 손님을 상대해 꽃을 팔아본 적도 없고 영어도 잘 안 되는데…. 장사가 쉬운 게 아니다. 가령 꽃집이 몇십 개가 생긴다고 하자. 유지되는 가게는 10개 정도도 안 되고, 그중에 잘 되는 가게는 2, 3개뿐이다. 너 어쩌려고 그러니? 차라리 그 꽃집을 내가 하자. 모든 필요한 것은 내가 다 공급해 줄 터이니 너는 지점장이 되어 그 꽃집을 맡아 해라."

Pollack은 안타까워 내게 제안했다. 하지만 내 생각에는 하나님이 우리를 이곳까지 보내주셨고 하나님이 나와 함께 하신다면 잘 되는 2, 3개의 꽃집 중 내 꽃집이 그중에 하나가 될 수 있다는 믿음으로 충만했다. 나는 pollack에게 조언에 고맙고, 내가 먼저 해보고 안 되면 도와줄 것을 겸손하게 거절했다. Pollack은 꽃가게가 지어지는 동안에도 와서 문을 크게 하라는 둥, 내부 설계에도 조언을 아끼지 않았다,

드디어 1981년 9월 Strathfield Plaza가 준공이 되었고 꽃집도 열었다. 더욱이 우리 꽃집이 이 지역에 한국인으로 처음 입점한 가게가 되었다. 새벽 꽃시장에서 어설프게 돌아다니는 나를 Pollack이 붙들고 일일이 상인들에게 다니며 이 여자에게 잘 해주라고 당부하면서 소개시켜 주었다. 꽃집 여러 개를 가지고 있는 유대인 Pollack은 꽃시장에서 힘 있는 고객이었다.

그렇게 꽃집은 시작되었고 예상치 못한 어려움이 많았다. 꽃집은 전화 주문으로 운영되다시피 한다. 직접 갈 수 없는 곳에 메시지가 담긴 카드를 달고 배달을 통해 꽃이 간다. 생일 꽃, 탄생 축하 꽃, 장례식에 가는 꽃, 싸움이 있던 곳에 화해의 꽃, 연인에게 사랑의 꽃, 고객이 직접 쓰고 주문하는 꽃도 있지만 대부분 전화 주문이다. 익숙지 못해 주문을 놓치는 경우도 많았다. 하지만 주문 꽃만큼은 풍성하게 잘 해서 보냈다. 보통 꽃꽂이는 잘 핀 꽃으로 겉발림만 잘해서 보내지만 나는 겉발림 속에 덜 핀 꽃으로 속발림까지 잘 해서 보내니 고객들이 내 마음을 알아서일까 좋은 소문을 많이 내주었다. 심지어 사진을 찍어 보낸 이에게 보내 서로 기쁨을 나누니 그 덕에 꽃집은 운영이 잘 되었다. 또 서툴게 일하는 동양인 부부에게 연민을 느꼈을까, 손님들은 친절했고 전화로 주문할 때는 천천히 말해주고 여러 가지로 배려해 주었다.

유대인 꽃집에서 몇 년 일하면서 호주 꽃집의 절기를 익혔기에 경영에 크게 문제가 되지 않았다. 절기 중 Valentine's Day에는 붉은 장미가, Mother's Day에는 국화꽃이(절기가 가을이어서) Easter Day에는 병아리색 노란 꽃이, St Patrick's Day에는 초록색 꽃이(흰 카네이션에 초록색염료 스프레이를 뿌려서

셨다) 그 외에도 아버지 날, 비서의 날 등 이름 붙은 날들이 많았다.

꽃집에 오는 손님들은 기분 좋은 얼굴로 들어온다. 물론 슬픔을 당해 슬픈 마음으로 오는 이도 있지만 대부분 환한 얼굴로 온다. 오기 전 이미 그 마음속에 꽃이 피어 있는 것일까.

누군가 말했다. 농부와 꽃집은 하나님과 동업하는 것이라고….

신앙생활

남편의 신앙

남편은 매사 긍정적인 사람이었다. 서두름도 없었다. 성격이 급한 나는 때로 남편에게 답답함을 느껴 불평할 때도 많았지만 남편 말대로 기다리다 보면 그의 말이 옳았음을 알고 신기해했다. 그의 신앙은 복잡하지 않고 단순했다. 의심도 없었다. 그는 말했다.

"이 다음 죽어서 하나님 앞에 섰을 때 '세상에 살면서 너 무엇을 하다가 왔어?' 물으시면 무슨 말을 할 거야?"

마치 하나님 앞에 선 자신을 보듯이 스스로를 바로잡곤 했다.

젊은 날 신앙생활을 하며 있었던 한 대목이 생각난다. 남편의 집사시절, 그때 우리는 용산에 있는 육군중앙교회(현 국군교회)에 출석할 때였다. 국군교회 예배 분위기는 엄숙했다. 절제된 시간 속에 예배가 진행되었다. 남편은 기도 순서가 되면 기도문을 정성껏 써서 정장 안주머니에 넣고 단에 올라간다. 기도할 때는 안주머니에서 기도문을 꺼내 조심스럽게 종이 펴는 소리가 고성능의 마이크 앞에서는 마치 천둥소리가 나는 것처럼 요란했다. 나는 민망스러워 남편에게

"여보 다음 기도할 때는 기도문을 찬송가 속에 넣고 올라가 살짝 펴서 하세요."

그것은 다른 사람들의 눈도 의식한 나의 조언이기도 했다. 그러나 그때 남편이 선뜻 한 말은 "하나님이 보시는데…." 남편은 온화한 믿음을 가졌다.

남편은 국군교회에 초대 장로가 되었고, 세 아이들은 어렸을 적 그 교회에서 유아세례를 받았다.

나의 신앙

아침 새벽마다 나는 신앙고백을 한다. 내 삶의 모든 것이신 하나님. 나의 처음과 나중이신 하나님. 나의 머리털을 세시며 나의 세포를 아시는 하나님. 오늘도 하나님 초장에서

풀을 뜯으며 잔잔한 물가에서 생수를 마시며 하나님 지팡이 아래 있게 해 주시옵소서.

어릴 적 교회 유치원을 다니며 들은 성경 이야기, 감리교 계통의 미션스쿨을 졸업하신 엄마와 함께 부르던 찬송가, 이 모든 것은 어릴 적 추억이었고 나에게 신앙이 들어온 것은 사춘기 때였다. 어머니가 돌아가신 후 아버지의 재혼과 함께 6·25전쟁을 겪었고 몇 년간의 피난생활과 환도 후의 생활은 많은 어려움이 있었다.

전쟁은 모든 사람들을 상실감으로 피폐하게 했다. 그들에게 교회는 안식처가 되어 상한 심령을 위로 받으며 회복시키는 처소가 되었다. 대학시절 나의 봄은 모진 겨울 바람과 꽃샘추위를 이겨내고 꽃을 피워내듯이 춥고, 힘들고 버거웠다. 나의 주체성도 정체성도 정립되지 않았을 때에 키에르케고르의 『죽음에 이르는 병』을 읽으며 절망 속을 헤매던 때, 삶의 방향의 키를 놓쳐버린 때, 그때 바라본 하늘에서 나를 안으시려는 하나님의 손길을 느끼고 비로소 혼돈과 암흑 속에서 빛을 발견한 그 순간의 환희로움을 나는 잊을 수가 없다. 또한 어머니가 돌아가신 후 줄곧 삶이란 무엇인가? 죽음이란 무엇인가? 나는 어디로부터 왔으며 왜 하필이면 이 집의 딸로 태어났을까? 왜 엄마는 돌아갔으며 돌아간다는 말은 어디로 간다는 뜻일까? 거기에 가면 엄마를 만날 수 있을까? 이러한 물음은 마치 회오리바람처럼 나를 휩싸고 있었고 그때 나는 하나님을 만나게 되었다.

그분은 나에게 특별한 존재였다. 그분은 나의 모든 문제점을 해결해 주셨다. 내가 억울했을 때 내 억울한 이야기를 들어주셨고 내가 울 때 내 눈물을 닦아 주셨으며 내 마음에 폭풍이 일 때 그 풍랑을 잠재워 주셨다. 그래서 나는 그분의 품에 안겨 살아올 수 있었다.

기독교인이 되면 살아가는 삶이 쉬워진다고 어느 목사님이 말씀하셨다. 그 말씀은 우리가 살아가며 어려운 일이 닥쳤을 때 길이 뻥 뚫리고 빛을 환하게 비춰준다는 그런 의미가 아니라 삶의 길에서 힘들어 넘어져 있을 때 좌절하지 말고 그분께 손잡아 일으켜 주시기를 간구하며 기다리는 것이다.

내가 좋아하는 말씀은 '여호와 그가 네 앞서 행하시며 너와 함께 하사 너를 떠나지 아니 하시며 버리지 아니 하시리니 너는 두려워 말라 놀라지 말라'(신명기 31장 8절)

때로는 길도 없는 황막한 벌판에 혼자 있을 때도 있다. 이럴 때 "주님 어떡해요?" "이럴 땐 어떡하죠?"

나는 묻는다. 그리고 기도하며 참고 기다린다.

팔십 정상

팔십 정상에 올라와 지나온 나날을 살펴보니 저 끝 나의 처음 시작이 보인다.

따스했던 엄마의 손길, 깨진 기왓장과 사금파리에 담 밑 고운 흙으로 밥을 짓고 잡풀을 잘라 반찬을 만들며 소꿉놀이하던 담장도 보이고, 송사리 몇 마리를 담았던 노란 꽃고무신, 철없이 뛰놀던 골목길, 아이들의 떠들던 목소리가 들린다. 그들은 다 어디로 갔을까.

성인이 되어 결혼하고 아이들을 낳고 살아오다 호주 이국땅에 이민 와 낯선 삶에 부딪히며 오늘에 이르렀다. 이제 비로소 지난날을 되돌아보는 시간을 갖게 되었다.

Kyung.12

아무나 늙음의 자리를 가져보나? 그동안 나를 스쳐 지나갔던 모든 일들이 추억 속에 나를 머물게 한다. 젊은 날 나의 숲길은 좌우에 빽빽한 나무로 들어찬 무성한 숲이었다. 이제 세월이 흘러 숲길을 벗어나 정상에 오르니 숲은 저 발아래, 몸과 마음은 가벼우나 많은 것을 품고 가졌던 나의 손은 허허로운 빈손이 되고 고적한 바람이 나를 감싼다. 그동안 숲의 나무로 나에게 그늘이 되어 주었던 모든 사람들에게 감사한다.

그동안 팽팽했던 나의 삶의 규범의 선이 느슨해지고 사유의 폭도 넓어졌다.

학교시절 교과서에서 '이헌령, 비헌령'이라는 단어의 뜻을 배우며 어릴 적 순수한 마음에서일까 의구심이 들었다. '귀에 걸면 귀걸이가 분명하고' '코에 걸면 코걸이가 분명한데' 어찌 이렇게도 저렇게도 해석이 된단 말인가. 하지만 세상만사는 이헌령 비헌령의 경계가 분명치 않다는 것도 이 나이에 터득한 삶의 방법이다.

또 한때, 안톤 체홉의 단편 『귀여운 여인』을 읽으며 주인공 '올렌까'의 삶에 회의를 느꼈다. 그때 우리네 결혼관은 검은 머리 파뿌리 될 때까지 살아야 하는 일부종사의 관습 속에 있었다. 그런데 세 번씩이나 거침없이 결혼한 올렌까에게 어떻게 '귀여운 여인'이라는 제목이 붙여졌을까? 어울리지 않는다고 생각했다. 하지만 세월을 살다 보니 사랑의 유형과 사랑의 진수를 이해하게 되었고 올렌까가 결혼할 때마다 빈틈없이 적응하는 모습에 이제는 박수를 쳐주고 있다.

나를 오늘 팔십의 정상에 있게 하고 내 삶의 길목을 풍요롭고 빛나게 해준 모든 것에 감사한다.

하지만 이 모든 것은 보이지 않는 손길, 하나님의 인도하심 속에 있어 어려울 때나 기쁠 때나 항상 나와 함께 동행해 주셨음을 알고 하나님께 감사드린다.

남편의 묘비명: '여호와는 나의 목자'
'The Lord is my shepherd'

나의 묘비명: '내가 부족함이 없으리로다'
'I shall not be in want' (시편 23편 1절)

낙엽

지금은 떠나야 하는 시간입니다
우리 따스운 손길을 서슴없이 버려야 하는
석별의 시간입니다

설혹
못다 한 정분으로
불꽃 없는 불을 살라야 할
우리 가련한 마음이었더라도
무서리 내리기 전
지금은 떠나야 할 시간입니다

오로지 기도였던 우리의
여름은 아름다웠습니다
없듯이 피어난 우리
있듯이 져버리는

지금은 다만 상흔으로 이어진
나이테만이
우리 여름날 소중한 흔적입니다

지금 시각
개막을 5분 앞둔 배우는
좀더 멋진
연극을 하기 위해 거울을 들여다볼 테고
관객에 싸인 마술사는
좀더 멋진
눈가림을 위해 손끝이 묘할
그토록 멋진 시간인데

불쌍한 우리는
기약없이 떠나야 하는 절절한 시간입니다